PROJECT MANAGER
COMPETENCY DEVELOPMENT
FRAMEWORK Third Edition

项目经理能力发展框架

（第3版）

［美］Project Management Institute 著

電子工業出版社
Publishing House of Electronics Industry
北京·BEIJING

版权贸易合同登记号　图字：01-2018-2658

图书在版编目（CIP）数据

项目经理能力发展框架：第 3 版 / 美国项目管理协会著；赵弘译. —北京：电子工业出版社，2020.1
书名原文：Project Manager Competency Development Framework, Third Edition
ISBN 978-7-121-37531-6

Ⅰ. ①项… Ⅱ. ①美… ②赵… Ⅲ. ①项目管理 Ⅳ. ①F224.5

中国版本图书馆 CIP 数据核字(2019)第 262727 号

责任编辑：卢小雷
印　　刷：北京天宇星印刷厂
装　　订：北京天宇星印刷厂
出版发行：电子工业出版社
　　　　　北京市海淀区万寿路 173 信箱　邮编 100036
开　　本：880×1230　1/16　印张：13　字数：380 千字
版　　次：2011 年 5 月第 1 版（原著第 2 版）
　　　　　2020 年 1 月第 2 版（原著第 3 版）
印　　次：2022 年 10 月第 2 次印刷
定　　价：108.00 元

凡所购买电子工业出版社图书有缺损问题，请向购买书店调换。若书店售缺，请与本社发行部联系，联系及邮购电话：（010）88254888，88258888。
质量投诉请发邮件至 zlts@phei.com.cn，盗版侵权举报请发邮件至 dbqq@phei.com.cn。
本书咨询联系方式：（010）88254199，sjb@phei.com.cn。

译者序

概述

提到项目经理，一般指的是管理项目的负责人。本书中提到的项目经理为一个广义概念，而非仅限于项目经理角色，包含三大项目经理（项目经理、项目集经理、项目组合经理）角色。企业希望提升组织的项目管理水平，个人则希望提升自身的项目管理能力。本书为项目管理人员提供了完整、系统的项目管理能力模型及能力发展路径图，既包括“能力”总揽，又包括“能力要素”及其“绩效标准”；既包括“能力”定义，又包括“能力评估”和“能力发展”；既有理论支撑，又有实战指导。本书对项目组织和项目专业人士都有较强的实战指导意义，这也是本书的价值所在。

《项目管理知识体系指南》(以下简称《PMBOK®指南》) 中详细描述了项目管理五大过程组和十大知识领域，以及 49 个过程的 ITTO、500 多个项目管理专业术语。本书与《PMBOK®指南》同宗同源。通过学习和考试以获得项目管理 PMP®等认证，主要获取的是“知识能力”，而为了更好地管理好三大项目，需要提升“绩效能力”和“个人能力”。本书所述的能力模型标准详尽描述了三大项目经理的能力、能力要素，以及能力要素所包括的四部分内容（绩效标准、期望、证据来源、示例）。本书从 2002 年推出第 1 版以来，截至目前已升级至第 3 版，版本之间的变动较大。

项目专业人员的能力发展困惑

- 刚入行的项目成员不知道从哪里下手培养自身的能力；项目专业人员不知道如何发展自己；中高级项目人员不知道如何进一步提升自己。

- 培训部门和管理者不知道如何正确评估、培养、检查项目专业人员；不知道如何评估现在（AS-IS）、未来（TO-BE）的状态；不知道评估能力后如何培养；不知道如何检查培养效果。

- 技术人员不知道转型的方向；不知道如何成功转型为技术管理。
- 通用管理人员在转型项目管理人员的时候同样面临不知道如何发展自己的问题。

本书适合谁

本书同时适合组织和个人：

- 组织学习本书，可知道如何选择、获取、评估、考核和培养三大项目经理。
- 个人学习本书，可知道如何明确、定义、评估、提升三大项目管理能力。

在学习本书之前，项目经理可先了解《PMBOK®指南》；项目集、项目组合经理可先学习《项目集管理标准》《项目组合管理标准》，以帮助理解本书中所述的“知识能力”和“绩效能力”。本书适合已获得三大项目认证的学员继续研读，持续提升。

在组织内部项目无处不在，人人需要学习项目管理。本书的适用人群广泛，包括项目组成员、三大项目经理、项目管理办公室 PMO、项目发起人、项目咨询顾问、项目培训人员、运营人员、人力资源管理人员等。

在学习本书之前，应先了解项目管理协会的 PMI 人才三角™、管理学中的 ASK®能力模型。在《PMBOK®指南》（第六版）的第 3 章中提到了人才三角模型，关键技能组合包括：技术项目管理、战略和商务管理、领导力。本书侧重于对“绩效能力”“个人能力”的讲述，与人才三角有相似但也有不同之处。在管理学中就经理的能力项提出了 ASK®能力模型，A 代表态度、S 代表技能、K 代表知识。本书将三大项目经理的能力分为三个维度：“知识能力”“绩效能力”和“个人能力”。通过完成三大项目专业人士的认证考试（PMP®、PgMP®、PfMP®）可提升“知识能力”，本书则主要帮助三大项目经理提升“绩效能力”和“个人能力”。

本书的结构框架

- 概括性地介绍三大项目经理的能力项。
- 能力维度（“知识能力”“绩效能力”“个人能力”）的介绍。
- 能力发展项目。如何提升三大项目经理的能力，并将能力提升作为一个项目进行管理。
- 组织应用。如何在组织内落地本书内容。
- 附录分别详细讲述了三大项目经理的“绩效能力”和“个人能力”，读者可将附录作为能力词典使用。

本书的重要应用是，作为评估项目管理人员能力的工具。可以使用柱状图、雷达图等工具呈现项目管理人员的能力目标、现状及差距。本书的另一个重要应用是，提供项目管理能力的发展路径。能力发展本身就可视为一个项目。本书的第 6 章专门讲述有关项目管理人员能力发展项目的管理过程，适合人力资源、培训、项目管理等部门的相关人员学习，也适合组织内部负责人才发展项目的人员学习。

本书的特点

- **简单**。提到标准，读者会担心其内容晦涩难懂。本书在前几章先概要讲解了与项目经理能力模型相关的框架，重点内容则放在后半部分的附录中，直观明了。
- **系统**。本书包括三大项目经理的能力模型，不仅包括项目经理的能力模型，还包括项目集经理和项目组合经理。在能力模型中，主要分为两部分来讲解项目经理的能力项，即“绩效能力”和“个人能力”。
- **通用**。本书在编写过程中有两个考虑：一是尽可能涵盖所有能力；二是尽量考虑通用项目、项目集和项目组合所要求的通用能力，淡化行业、组织、具体项目等要求的特定能力。目的是提高本书的通用性。

本书的项目经理能力模型

在本书中提出了三大项目经理的“**三加二**”能力模型。

1. “**知识能力**”。知识能力是指在学习三大项目（项目、项目集、项目组合）标准的时候，从项目、项目集、项目组合管理所涉及的相关工具与方法、输入/输出和项目文档中获取知识的能力。一般通过相关认证考试来检验学习效果。

2. “**绩效能力**”。绩效能力是指三大项目经理应用三大项目标准知识，以实现或满足项目目标的能力。区别于“知识能力”，“绩效能力”更接近项目经理的“硬技能”。

3. “**个人能力**”。个人能力是指三大项目经理在执行三大项目时表现出来的与个人特质有关的能力。这种能力更接近项目经理的“软技能”。

除了以上三大能力，考虑到项目、项目集和项目组合的复杂性、行业性、组织性等，还建议项目经理具备两大基础能力：**行业能力、组织能力**。另外，企业管理理论、实践、行业知识、项目经验都是项目经理的能力基础，切不可偏废。

本书中的能力是如何被结构化阐述的

我们在《PMBOK®指南》中学习了五大分解结构：工作分解结构（WBS）、组织分解结构（OBS）、成本分解结构（CBS）、资源分解结构（RBS）、风险分解结构（RBS）。结构化的目的就是将复杂的事情简单化。本书将“能力”进行了结构化分解（Breakdown Structure），并分为三层：“能力”“能力要素”“绩效标准”。这样做，有以下效益。

- **好理解**。对每个“能力要素”进行详细的描述，使读者更容易理解所有能力的具体含义。
- **好运用**。对每个“能力要素”进行详细的描述，容易评估和发展这些能力。“能力要素”的四个维度分别是“绩效标准”“期望”“证据来源”“示例”。

“能力”的三层结构按以下方式进行划分

- 第一层：能力。
- 第二层：能力要素。该部分是对能力的细化，能力包含一个或多个“能力要素”。
- 第三层：如何评估“能力要素”（“绩效标准”“期望”“证据来源”“示例”）。“绩效标准”是指衡量能力是否满足项目目标的标准。这部分内容很重要，评估、发展项目经理的能力首先要了解有哪些“绩效标准”，其次要了解通过哪些“证据来源”来判断是否达到“绩效标准”。

能力分解结构如图 0-1 所示。

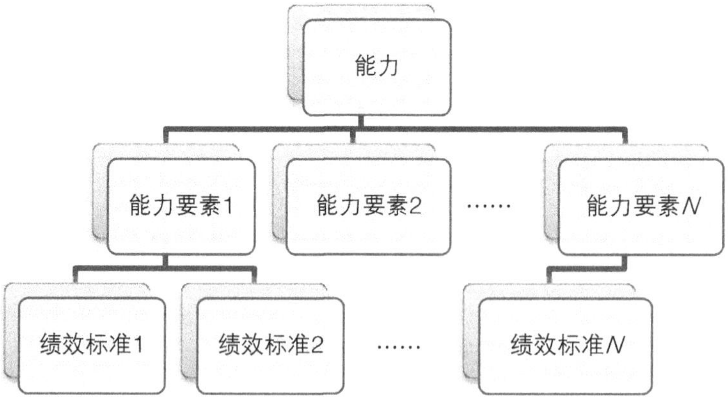

图 0-1　能力分解结构

本书的组成

在学习具体能力模型之前，我们先快速了解本书的框架。通常，一本书的重点在书的前几章，本书中含金量最高的内容却在最后的附录中。不论是在页码数量还是内容价值上，附录都是本书的重中之重，其内容占到本书的70%左右。附录主要包括：

- 项目、项目集、项目组合经理的“绩效能力”“个人能力”；
- 三大项目经理的“绩效能力”总体框架一致，项目经理的“绩效能力”即《PMBOK®指南》中的十大知识领域，项目集经理和项目组合经理的“绩效能力”在十大知识领域的基础上有所调整；
- 三大项目经理的“个人能力”均为六个部分，数量和内容基本相似。

项目经理能力模型

项目经理能力模型中的“绩效能力”

在本书封面的左上角印刷有项目管理协会的 Logo 及“GLOBAL STANDARD”，在《PMBOK®指南》的左上角也有这两个标志，两本标准同宗同源，都是项目管理协会的标准，并且两者在框架、内容上相一致。学习过《PMBOK®指南》的读者在研究这部分内容的时候相对容易学习、理解。需要说明的是，《PMBOK®指南》和本书在版本更新上稍有时间差，《PMBOK®指南》的版本更替速度稍快于本书。例如，《PMBOK®指南》(第六版)已经将“项目时间管理”改成“项目进度管理”，将“项目人力资源管理”改成“项目资源管理”。当然，这并不妨碍大家对本书的学习。

项目经理的“绩效能力”包括：

- 项目整合管理。
- 项目范围管理。
- 项目时间管理。
- 项目成本管理。
- 项目质量管理。
- 项目人力资源管理。

- 项目沟通管理。
- 项目风险管理。
- 项目采购管理。
- 项目相关方管理。

项目经理能力模型中的“个人能力”

在本书的附录中，对“个人能力”有详细的介绍。对于希望发展项目管理能力的专业人员来说，“个人能力”的提升较为重要，需要多投入一些时间和精力。本书在“个人能力”单元中列出了六个较重要的“能力”：

- 沟通。
- 领导力。
- 管理。
- 认知能力。
- 高效。
- 职业精神。

在这里举例介绍以下几个关键的“个人能力”：沟通、领导力、职业精神。

沟通

项目经理将 80%的时间花在与各项目相关方的沟通中，沟通被认为是项目成功的关键要素之一。项目专业人员往往将较多的时间和精力放在如何提升项目沟通能力方面。当然，项目沟通也是较为复杂的，不只是简单的人与人之间的语言交流。项目专业人员要了解他人的风格、文化多元性、彼此信任度、技术水平、个性、情绪、项目环境等，同时需要掌握沟通模型、沟通技术、沟通方式等。沟通能力中关键的“能力要素”包括但不限于：主动倾听、解码隐性内容、反馈及落实。

项目经理在沟通中第一步要学会倾听。倾听分主动和被动，倾听有助于分析问题，做好信息的输入工作。学习过《PMBOK®指南》的“沟通模型”有助于读者理解“能力要素”的几个关键“绩效标准”。

- **主动倾听**。本书特别提到在倾听中要基于同理心设身处地地进行思考，以了解相关方的需求、情绪、顾虑等。

- **解码隐性内容**。在沟通模型中有几个关键术语，如编码、解码、噪声等。在复杂的项目沟通中有显性和隐性内容，初级项目专业人员资历浅、涉世不深，由于接触的项目相关方少，对沟通中的隐性内容把握不够准确，即没有抓住核心相关方的真正意图，容易导致沟通失败。为更好地了解沟通中的隐性内容，需要双方有一致的沟通水平。例如，与高层沟通，就需要多研究高层的沟通策略、思维方式、呈现技巧等。有些高层在沟通时，容易将真实含义进行隐藏，编码很复杂，这就需要沟通者有较强的解码能力，会"听话外音"，听出高层在沟通中的隐性需求。例如，在沟通中老板突然问你（老板并没有看你，语速很慢，茶杯在嘴边停了下，平易近人的样子）："小张，你平时喝咖啡还是喝茶啊？"初级项目人员往往以为老板关心自己，其实老板的隐性沟通内容是，你赶紧帮我倒杯水，我口渴了。为真正掌握沟通中的显性和隐性内容，还要学会重述收到的信息是否正确。在日常沟通中，大家习惯说："我明白了！"或者"我懂了！"殊不知这都是无效的沟通，只有将对方的真正含义重述一遍，让对方确认后才称得上沟通完毕。在发展沟通能力时，这一沟通的"绩效标准"十分重要，可作为重点学习和发展的内容。

- **反馈及落实**。沟通次数不重要，关键要解决问题。有人抱怨自己的沟通能力不行，其实真正的原因是没有解决项目相关方的实际问题，应通过问题日志或记录，跟进并解决相关方的问题。在项目工作中，有些人习惯增加沟通次数，但每次沟通都在重复同样的问题，并且问题的状态一直停在"待解决"。不但没有花精力整合资源、解决问题，还误以为自己的沟通能力不足。在发展沟通能力的同时，要不断提升分析与解决问题的能力。

领导力

领导力一直是项目经理能力模型中关键的能力之一。提到"领导力"，大多数人往往认为这是领导应具备的能力。而提及领导，大多数人认为这代表的是有权力、有地位的人。在项目管理中，项目经理需要跨很多职能部门，是"流程专家"，而不仅仅是"主题专家 SME"。项目经理需要提升带领团队的能力，不能仅靠职权带领团队。这里的"领导力"更像"带领力"。区别于通识类领导力，项目领导力的几个关键"能力要素"包括但不限于：

- **激励**。本"能力要素"的"绩效标准"为：建立项目愿景、使命和价值观。由于项目周期一般较长，项目成员往往因为相信而看见，而非因为看见而相信。另外，由于大型项目的工作繁杂，项目持续时间久，导致项目成员容易失去信心。这时，项目领导者需要不断与成员沟通项目愿景与使命，以在"浓雾"中看到前进的方向，看到美好的项目成果与未来。激励还包括根据项目规定对成员绩效进行奖惩，既对积极的行为进行奖励，又对错误的行为指出其负面影响并提出改进意见。为更好地激励和辅导成员，应在辅导与被辅导者之间建立正式的关系，通过资深项目经理来辅导年轻成员，并制订成长计划。

- **影响力**。本“能力要素”的“绩效标准”为：通过发挥影响力技能实现对团队的领导，并借助外部力量和专业人员来影响他人。通过本“能力要素”可知，项目经理领导力的一个重要体现是对项目成员的影响能力，而非职权。

职业精神

项目经理需要三化：“专业化”“职业化”“敬业化”。在项目能力模型中对项目经理的职业精神做了专门描述。项目经理职业精神的“能力要素”可以用几个关键词来概述：承诺、正直、逆商、客观、多元化等。

项目集经理能力模型

项目集经理的“绩效能力”与项目经理有所不同，并在十大知识领域的“绩效能力”基础上有所调整，增加了几个不同的“绩效能力”，例如：

- **项目集和战略相一致**。包括三个“能力要素”：强调项目集与组织战略相一致；描绘项目集蓝图；对项目环境进行评估。

- **项目集效益管理**。项目集效益管理是项目集管理中的关键内容。大致包括五个“能力要素”：确定、计划、实现、交付、维持效益。

- **项目集财务管理**。包括以下关键“能力要素”：建立项目集财务框架；项目集财务收尾。

项目组合经理能力模型

项目经理、项目集经理更注重执行力，即把事情做好；项目组合经理更注重与组织战略等相关的工作，其关注的层级更高。对于项目组合经理的“绩效能力”，除了常见的项目组合相关方管理、项目组合沟通管理、项目组合风险管理，还要重点关注项目组合与战略管理、项目组合治理管理、项目组合绩效管理。可以看出，项目组合经理的“绩效能力”更宏观、更综合。如果将项目集经理和项目组合经理的“绩效能力”进行比较，两者都有战略管理、治理管理。不同的是，项目集经理的“绩效能力”有效益管理、财务管理、生命周期管理；项目组合经理的“绩效能力”有项目组合绩效管理。

如何用好本书

- 认识自我。要认识自我，做好能力发展的准备。
- 仔细学习。虽然本书不难，但有一定的技术和专业度，要有空杯心态，用系统化的思维仔细研读，切忌焦躁。
- 认真领会。杜绝死板地学习，应结合行业、企业项目人员的实际情况，实事求是。项目是独特的，大家在学习过程中，要认真领会所学内容的真正含义，同时将本书结合三大项目标准（项目、项目集、项目组合管理标准）一起学习。
- 对比模型，制订计划。本书有很多有价值之处。例如，将能力的发展视为一个项目，用项目管理思维做好培训项目、人才发展项目。
- 执行改进。要执行改进，以检查效果。

第三版前言

本书建立在《项目经理能力发展框架》（第 2 版）开发的框架之上。我们在第 3 版中的任务是从纵向（包括项目集和项目组合经理）和横向（涵盖项目组合经理、项目集经理、项目经理角色的持续发展）扩展以前的框架。

项目经理能力发展框架项目小组被要求提供一份修订文件，内容如下：

- 《项目经理能力发展框架》（以下简称《PMCD 框架》）（第 3 版）与项目管理专业人士（PMP®）认证考试大纲严格保持一致；
- 与《项目管理知识体系指南（PMBOK®指南）》（第 5 版）保持一致；
- 与《项目集管理标准》（第 3 版）保持一致；
- 与《项目组合管理标准》（第 3 版）保持一致；
- 建立在第 2 版的框架之上，尤其是个人能力；
- 提供证明能力所需的证据示例；
- 认识并解决职业发展的需要，包括专业知识和经验的统一性。

随着一致的附加维度（项目集和项目组合管理）的增加，围绕实际能力的细节深度已经变得广泛。为了提供一个功能更强的图书，我们重新安排了内容，将定义能力元素的表格的详细信息放到各个附录中。这使得本书的可读性更强，同时对能力本身保持了相当高的特异性。

我们感谢参与这个项目的志愿者们。他们孜孜不倦地优化本书，以便所有项目管理过程中的参与者都能够利用本书来评估他们当前的项目组合/项目集/项目管理能力水平。

Michael Yinger
《项目经理能力发展框架》项目主席
Dave Gunner
《项目经理能力发展框架》项目副主席

目　录

1

第 1 章

引　　言

《PMCD 框架》（第 3 版）提供了定义、评估和发展项目组合、项目集、项目经理能力的框架。它定义了关键能力的维度，识别了在项目组合、项目集、项目管理领域对管理者的绩效最有可能产生影响的诸多能力。根据项目类型及特征、组织环境和组织成熟度的不同，这些能力对项目成功的影响程度也有所不同。本框架识别的能力应用范围非常广泛，对于框架中某种具体的能力而言，其重要性随着组织环境和项目特征的不同而不同。因此，在使用《PMCD 框架》的时候，要对这种潜在的差异进行充分考虑。

《PMCD 框架》展示了项目组合、项目集、项目经理应具备的能力和行为的全局视图。本书包含 7 章内容，分别为：

- **第 1 章　引言**——介绍和讨论了项目组合、项目集、项目经理能力，并且对《PMCD 框架》的其余章节进行了概括性介绍。
- **第 2 章　能力概述**——描述个人能力和绩效能力的概念，这些内容将在后面的章节中详细讨论。
- **第 3 章　项目经理能力**——描述在大部分情况下适用于项目经理带领大部分项目的能力。
- **第 4 章　项目集经理能力**——描述在大部分情况下适用于项目集经理管理大部分项目集的能力。
- **第 5 章　项目组合经理能力**——描述在大部分情况下适用于项目组合经理管理大部分项目组合的能力。
- **第 6 章　项目组合、项目集、项目经理的能力发展**——讨论获取或提升项目组合、项目集、项目经理能力的过程。
- **第 7 章　在组织中运用《PMCD 框架》**——为如何在组织环境中应用《PMCD 框架》提供指南。

说明：本书中提到的某种能力也可以是其他能力的组成部分。任何一种能力都由一种或多种要素组成。每种要素的细节——绩效标准、证据来源、项目组合经理/项目集经理/项目经理的期望，以及作为绩效标准依据的示例等都包含在附录中。

第 1 章包括以下主题：

- 1.1 《PMCD 框架》的用途
- 1.2 目标读者
- 1.3 什么是项目组合、项目集、项目经理的能力
- 1.4 《PMCD 框架》与项目管理协会其他著作及标准的一致性
- 1.5 《PMCD 框架》的设计
- 1.6 《PMCD 框架》的结构
- 1.7 《PMCD 框架》的应用
- 1.8 PMI 人才三角™和《PMCD 框架》

1.1 《PMCD 框架》的用途

本书的目的是，为项目组合、项目集、项目经理能力的定义、评估和发展提供框架。它定义了能力的关键维度，并且确定了最有可能影响管理者在项目组合、项目集和项目管理领域绩效的能力。其对管理成功的影响程度可能有所不同，具体取决于项目类型和特征，以及组织背景和成熟度等因素。本书确定的能力具有广泛的应用。鉴于某些组织的背景或者项目的类型或特征，在应用本书期间仍需要考虑特定能力重要性的潜在差异。

本书旨在为个人和组织就如何评估、规划和管理项目经理的职业发展提供指南。在此过程中，项目组合经理/项目集经理/项目经理需要：

- 证明其已具备管理项目组合、项目集、项目的知识、技能和经验；
- 通过了项目组合、项目集、项目管理资格考试，或者获得认证（如 PMP®证书，或者由其他被认可的协会颁发的同等证书）；
- 提供能证明其具备本书第 3～5 章定义的绩效能力和个人能力的证据。

1.2 目标读者

无论是个人还是组织，都可参考《PMCD 框架》来培养和发展其项目组合管理、项目集管理、项目管理能力。

本书的目标读者包括但不限于以下人群：

- 项目组合经理/项目集经理/项目经理
- 项目组合经理/项目集经理/项目经理的经理
- 项目组合经理/项目集经理/项目经理办公室的成员
- 负责培养和发展项目组合经理/项目集经理/项目经理能力的经理
- 项目组合/项目集/项目发起人

- 人力资源经理
- 讲授项目组合管理/项目集管理/项目管理和其他相关科目的教育工作者
- 开发项目组合管理/项目集管理/项目管理教育课程的培训师
- 项目组合管理/项目集管理/项目管理方面的行业顾问
- 高层管理者
- 对项目组合管理/项目集管理/项目管理感兴趣的个人

1.3 什么是项目组合、项目集、项目经理的能力

一位胜任的项目组合经理/项目集经理/项目经理通过应用项目管理知识及发挥个人行为能力来提高项目组合/项目集/项目的成功（所交付的项目可以满足相关方的需求）概率。

就项目组合经理/项目集经理/项目经理而言，能力指的是在项目组合/项目集/项目环境中执行项目活动时所展示出的能力，通过应用这些能力可以保证项目组合/项目集/项目交付期望的成果，并且能够满足既定的验收标准。

项目组合经理/项目集经理/项目经理的能力包括三个独立的维度：

- 知识能力——项目组合经理/项目集经理/项目经理知道如何在项目组合、项目集、项目活动中应用相关过程、工具和方法。
- 绩效能力——项目组合经理/项目集经理/项目经理可以应用项目组合、项目集和项目管理知识来满足项目需求。
- 个人能力——项目组合经理/项目集经理/项目经理在项目组合、项目集和项目背景下执行项目活动时的行为表现，包括其态度、关键个性特征等。

只有同时具备以上三个维度的能力，项目组合经理/项目集经理/项目经理才可被认为是一位完全胜任的经理。

1.3.1 《PMCD 框架》中定义的能力

可以通过以下不同的方式来证明一位项目组合经理/项目集经理/项目经理是否具备上述三个维度的能力，即知识能力、绩效能力和个人能力。

- **知识能力**。通过相关的认证评估，比如 PMP®考试，或者水平相当的项目组合管理/项目集管理/项目管理方面的其他认证。这些知识能力在考试大纲中进行了详细介绍，如 *Project Management Professional(PMP)® Examination Content Outline*[1][1]，因此在本书中不再赘述。

1 括弧中的数字与本书后面的参考文献列表序号相对应。

- **绩效能力**。可以通过评估与项目组合/项目集/项目相关的行动和结果来证明其能够胜任。在第 3~5 章中对此有详细描述。
- **个人能力**。可以通过对项目组合经理/项目集经理/项目经理行为的评估而得以证明。在第 3~5 章中对此有详细描述。

图 1-1 展示了评估项目组合经理/项目集经理/项目经理能力的三个维度。通过评估结果，项目组合经理/项目集经理/项目经理可以了解自己还需要提高哪方面能力，才能成为一位胜任的项目组合经理/项目集经理/项目经理。在图 1-1 中，外围的三角形边框表示一位完全胜任的项目组合经理/项目集经理/项目经理应当具备的能力，图中阴影部分的三角形表示某位被评估的项目组合经理/项目集经理/项目经理当前的能力水平。大小两个三角形之间的差距表示这位项目经理当前待提升的能力空间。虽然在能力方案上可能存在最低水平的能力，但也应该在每个维度努力保持能力水平。《PMCD 框架》提供了评估绩效能力和个人能力的基准。

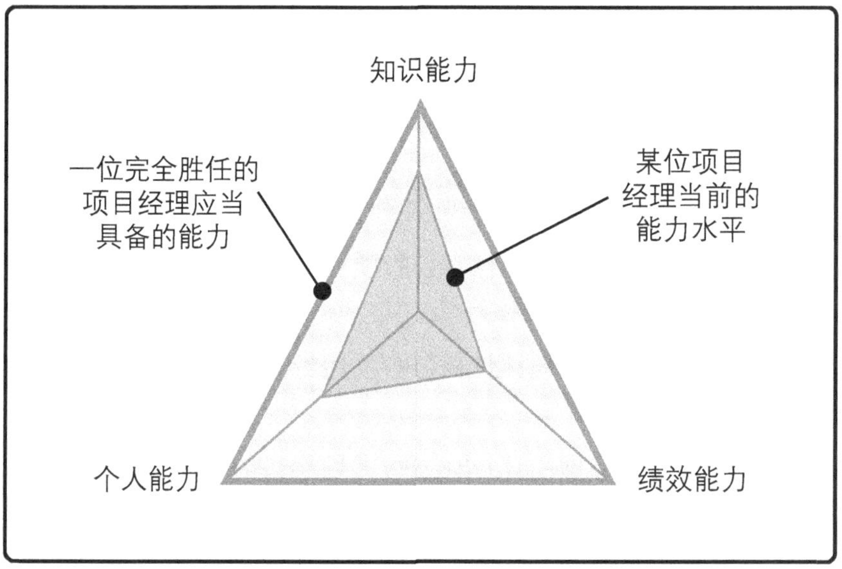

图 1-1 《PMCD 框架》的能力维度

1.3.2 对《PMCD 框架》的补充

《PMCD 框架》以《PMBOK®指南》[2]《项目集管理标准》[3]《项目组合管理标准》[4]中定义的原则和过程为依据，定义了适用于大部分项目组合/项目集/项目、大部分组织和大部分行业的通用能力。如图 1-2 所示，在《PMCD 框架》的第 3~5 章中描述的能力应作为开发评估模型的基础。

在《PMCD 框架》中没有描述特定行业的相关能力。对于项目组合经理/项目集经理/项目经理，或者这些经理所在的组织而言，他们可以在《PMCD 框架》的基础上进一步补充行业所需的特殊能力，从而满足实际工作的需要。包括但不限于《PMBOK®指南》，以及 PMI 实践指南和实践标准中涉及的建筑、政府、软件等行业。在一些行业中，要求项目组合经理/项目集经理/项目经理具备某些行业技能，了解相关的规章制度和法律法规。例如，在执行 IT 项目的组织中，除了要求项目组合经理/项目集经理/项目经理具备项目组合、项目集、项目管理能力，还要求其具有一定的 IT 技术能力。在另一些行业中，相关规章制度可能对项目组合经理/项目集经理/项目经理的能力有明确的要求。例如，在执行建筑项目的组织中，项目组合经理/项目集经理/项目经理必须具备安全标准方面的知识。因此，项目组合经理/项目集经理/项目经理在管理工作中必须对自己所处行业的特殊情况和组织环境有清晰的了解。

在建立评估模型时，以《PMCD 框架》的三个能力维度为基础，增加组织和行业的特殊能力要求。项目组合经理/项目集经理/项目经理达到这些能力的实际程度定义了该项目经理当前的能力水平。图 1-2 在《PMCD 框架》的基础上进行了扩充，体现了组织对项目组合经理/项目集经理/项目经理能力的综合要求，可以作为项目组合经理/项目集经理/项目经理能力评估的依据。

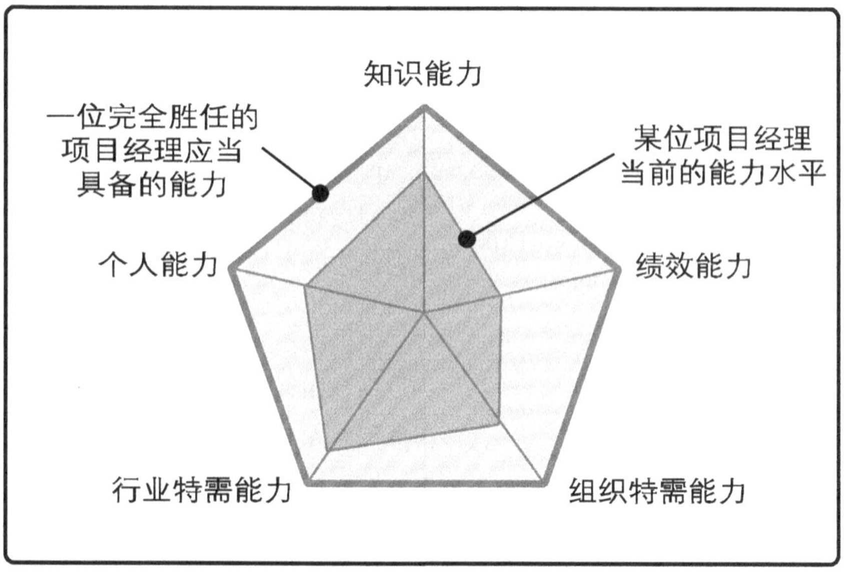

图 1-2　对《PMCD 框架》的扩充

1.4　《PMCD 框架》与项目管理协会其他著作及标准的一致性

《PMCD 框架》与项目管理协会（Project Management Institute，以下简称 PMI）推广的普遍被接受的实践保持了一致性，反映在 PMI 创建或认可的相应标准和文件中，包括但不限于以下内容：

- 《PMBOK®指南》（第六版）
- 《项目集管理标准》（第 3 版）
- 《项目组合管理标准》（第 3 版）

- 《PMP®考试大纲》
- 《PgMP®考试大纲》[5]
- 《PfMP®考试大纲》[6]
- 其他 PMI 证书

《PMCD 框架》（第 3 版）与 PMI 的其他出版物和标准保持了一致性，它们之间保持一致性的具体要点见表 1-1。

表 1-1 《PMCD 框架》与 PMI 其他资源保持一致性的具体要点

PMI 出版物/其他资源 [A]	PMCD 框架与所述出版物或资源之间相一致的地方
《项目管理知识体系指南》（《PMBOK®指南》）（*PMBOK® Guide*）	最新《PMBOK®指南》中的结构、词汇和定义
《PMCD 框架》	《PMCD 框架》的结构和理念
PMI Lexicon of Project Management Terms[7]	项目组合管理/项目集管理/项目管理的专有名词词典
PMI Combined Standards Glossary[8]	PMI 综合词汇表中定义的缩略词和术语
《PMP®考试大纲》《PfMP®考试大纲》《PgMP®考试大纲》	对项目管理知识的描述（《PMCD 框架》中对知识能力的定义引用了《PMP®考试大纲》中对知识的定义）
《组织级项目管理成熟度模型》（OPM3®）[9]	项目组合经理/项目集经理/项目经理能力模块
PMI Code of Ethics and Professional Conduct[10]	项目组合经理/项目集经理/项目经理的行为必须遵守 PMI 职业道德标准
《项目集管理标准》《项目组合管理标准》	项目集管理和项目组合管理都是这两份标准中的组成部分
Project Management Professional(PMP®)Role Delineation Study[11]	这份研究报告包含了项目经理所需具备的知识、技能和其他信息

[A] 表中提到的所有 PMI 出版物和资源都指的是其最新版本。

1.5 《PMCD 框架》的设计

《PMCD 框架》定义了项目组合、项目集和项目经理的绩效能力和个人能力的维度。如前所述，知识能力在《PMCD 框架》中没有详细介绍，因为这些能力在各种 PMI 的认证考试大纲中均有具体描述。《PMCD 框架》的目的在于确保个人、组织和相关专业机构可以使用恰当的流程对项目组合经理/项目集经理/项目经理的能力进行评估、发展和认可。

《PMCD 框架》的设计初衷：

- 涵盖项目组合经理/项目集经理/项目经理所需具备的全部能力。
- 适用于所有的项目组合经理/项目集经理/项目经理，而与项目组合/项目集/项目的性质、类型、规模和复杂性等无关。

《PMCD 框架》必须具备通用性，这样才可以保证：

- 个体的项目组合管理/项目集管理/项目管理能力可以在行业之间和组织之间进行交流和转移。
- 行业或组织可以以《PMCD 框架》为基础，开发适合行业或组织的专有能力模型。

1.6 《PMCD 框架》的结构

《PMCD 框架》对项目组合经理/项目集经理/项目经理所需具备的能力进行了简单的结构化分解。在分解结构的最上层是能力单元，并且将这些能力分解为若干代表一种主要职能或行动的主要分支。每个能力单元又被进一步分解为能力要素，能力要素用来描述可证明和可评估的行动与结果。每个能力要素都有一组绩效标准，绩效标准覆盖了执行该能力要素的各个方面，通过执行，可以体现项目经理是否具备相应的能力。每项绩效标准又附带了一组能证明该绩效标准是否得以满足的证据。通常，很多证据都以文档的形式出现。此外，《PMCD 框架》的第 3~5 章使用了第 1.6.1~1.6.5 节中描述的结构焦点。针对每项绩效标准的证据来源可能不是 100%包含的，因此提供了一些典型的示例。

1.6.1 项目组合经理/项目集经理/项目经理的能力

第 3 章涵盖了项目经理的绩效能力和个人能力。第 4 章涵盖了项目集经理的绩效能力和个人能力。第 5 章涵盖了项目组合经理的绩效能力和个人能力。

1.6.2 能力单元

每个能力单元包括若干个能力要素，这些要素反映了项目组合经理/项目集经理/项目经理应该胜任的活动。

1.6.3 要素

要素是能力的基本组成部分。

1.6.4 绩效标准

每个能力要素都由绩效标准来描述，该标准规定了展示胜任绩效所需的活动。

1.6.5 证据来源

某项行动完成后，只有提供了相应的证据，才能判断其是否满足了相应的绩效标准。这些证据构成了能力测评的基础。

1.6.6 项目组合经理/项目集经理/项目经理的期望

这些期望是指项目组合经理/项目集经理/项目经理在执行设想的任务时所期望的表现，它们是绩效标准的一部分。

1.6.7 最低能力水平要求

项目经理需要具备的最低能力水平。《PMCD 框架》没有针对项目集经理或项目组合经理给出所要求的最低能力水平，因为该水平只是用于说明目的而不是为了规定。项目经理所具备的最低能力，只是一个举例，其原理同样可以应用在项目集管理和项目组合管理中。相关的更多细节请见第 7.9.2 节。任何采用《PMCD 框架》的组织都可以基于自身的项目类型来选择适合的项目组合经理/项目集经理/项目经理的期望能力水平要求。

1.7 《PMCD 框架》的应用

《PMCD 框架》为项目经理的实践者、雇主和顾问在实际工作中建立能力框架提供了重要的指南。了解并熟悉《PMCD 框架》的内容及其中定义的项目经理能力至关重要。《PMCD 框架》对项目组合经理/项目集经理/项目经理的能力进行了归纳，这些能力对项目组合经理/项目集经理/项目经理的绩效均起着重要的支持作用。

通过识别与特定能力要素和能力单元相关的绩效标准，《PMCD 框架》定义了项目经理的能力。了解项目经理当前的能力对于建立能力基准非常关键。依据能力基准对个人的绩效进行衡量，可以识别项目经理的优势和待提升的方面。个人能力部分对项目经理在管理项目时所表现的与综合能力相关的行为进行了考察。目的在于使其满足甚至超过《PMCD 框架》中定义的能力基准。

1.7.1 雇主

对于雇主，《PMCD 框架》把项目组合经理/项目集经理/项目经理的行动和行为进行了多维度划分，这些行动和行为是其在组织内履行其角色所必不可少的。使用《PMCD 框架》可识别项目组合经理/项目集经理/项目经理当前的能力水平，确定能力差距。组织可根据项目类型和行业或技术要求，对《PMCD 框架》进行扩充，并且以此为依据来判断在组织中管理项目的个人的能力水平。

1.7.2 一线经理

对于一线项目组合经理/项目集经理/项目经理，《PMCD 框架》可以帮助他们判断自己当前的能力水平，并且识别需要进一步提升的方面。

1.7.3 顾问

对于组织的顾问，《PMCD 框架》是一个强有力的工具，可以用它来审查和分析组织当前与项目管理相关的行动和结果，从而发现差距。

1.7.4 个人

对于正在考虑进入项目组合、项目集和/或项目管理的个人，《PMCD 框架》提供了所期望的能力的指南。

《PMCD 框架》还对能力评估过程进行了介绍，通过该过程可以帮助项目组合经理/项目集经理/项目经理（或项目组合经理/项目集经理/项目经理的经理）在能力框架范围内识别优势，定义待提升的方面。《PMCD 框架》还可以帮助个人和组织发现改进机会，并且制订和落实能力发展计划。

1.8 PMI 人才三角™和《PMCD 框架》

《PMCD 框架》通过跨越多个不同维度来观察项目组合、项目集、项目经理的能力。PMI 考虑更多的是深刻影响项目成功完成的其他因素，这些因素都体现在 PMI 人才三角™（PMI Talent Triangle™）中[12]。这些信息来自 PMI 的研究，以及众多在日常运营中使用项目管理技术的组织的输入。

技术项目管理、领导力、战略和商业管理组成了人才三角（在第 7 章有更详细的介绍）。与基础标准一起，《PMCD 框架》涵盖了项目组合、项目集、项目管理中的技术和领导力。商业领域的能力由组织架构、行业和特殊任务所定义。

第 2 章

能力概述

本章所介绍的个人能力和绩效能力结合了《PMBOK®指南》（第 5 版）中描述的知识能力，以及《项目集管理标准》（第 3 版）和《项目组合管理标准》（第 3 版）中相关的章节。如第 1 章所述，在知识、绩效和个人能力之间存在某些重叠。例如，本章会描述支持绩效能力具体行动的行为。总而言之，在大多数时候，项目组合、项目集或项目经理需要这三个维度的能力来交付大多数的项目组合、项目集或项目。

2.1　绩效能力和个人能力的用途

2.1.1　绩效能力

绩效能力是指项目组合、项目集或项目经理通过运用他们的项目管理知识和个人技能来实现或达成目标的能力。人们普遍认为，项目经理的能力和项目成功之间有因果关系，这种因果关系在项目组合和项目集中也同样存在。

为了评估绩效能力，每项技能都需要对照经过认可的标准或基准，以便：

- 人们能衡量和规划他们的能力提升。组织能够设计绩效评估的工具，设计工作或者职位详述、就业规范和个人发展规划。
- 绩效能力可以通过使用本章中规定的绩效标准和证据类型，针对每个能力和要素单元对个人进行评估来衡量。

本书中的绩效能力提供了衡量个人的框架、结构和基准。评估项目经理的绩效能力并缩小差距可以帮助个人及其组织最大限度地提高项目经理的能力。本章中所描述的十个绩效能力单元为该评估框架提供了一个重要维度。

本书给出的绩效标准需要根据组织的项目组合、项目集、项目管理流程、政策及其适用性进行必要的裁剪。

2.1.2　个人能力

个人能力是指那些有助于个人管理项目组合、项目集和项目的行为、态度、文化影响和核心人格特征。

项目管理是以人为本的专业。对于项目组合、项目集、项目经理来说，具备有效与他人互动的技能非常重要。个人能力描述了这些技能。

个人能力的提高增强了项目组合、项目集、项目经理在项目中有效使用知识和绩效能力的能力。在能力发展框架中，对个人能力的处理为评估和发展个人在本书所描述的个人能力要素方面的能力提供了基础。

2.2 绩效能力和个人能力的结构

2.2.1 绩效能力

《PMCD 框架》（第 3 版）根据最新版的《PMBOK®指南》《项目集管理标准》《项目组合管理标准》和《PMP®考试大纲》来定义绩效能力单元的结构。

- **项目整合管理。**为识别、定义、组合、统一和协调项目管理过程组的各个过程和活动而开展活动。
- **项目范围管理。**为确保项目做且只做所需的全部工作以成功完成项目所进行的工作。
- **项目时间管理。**为项目按时完成管理所需的各个过程。
- **项目成本管理。**为使项目在批准的预算内完成而进行规划、估算、预算、融资、筹资、管理和控制成本等方面的工作。
- **项目质量管理。**管理执行组织的工作，确定质量政策、目标和责任，使项目能够满足其所需。
- **项目人力资源管理。**执行有关组织、管理、领导和建设项目团队的工作。
- **项目沟通管理。**执行工作以确保及时和恰当地规划、收集、创建、发布、存储、检索、管理、控制、监督和最终处理项目信息。
- **项目风险管理。**进行风险管理的规划、识别、分析、应对规划、风险控制等。
- **项目采购管理。**执行从项目团队外部购买或获取项目所需的产品、服务或成果的工作。
- **项目相关方管理。**包括用于开展下列工作的各个过程：识别影响项目或受项目影响的人员、团队或组织；分析相关方对项目的期望和影响；制定合适的管理策略来有效调动相关方参与项目的决策和执行。

2.2.2 个人能力

个人能力分为以下六个能力单元。

- **沟通。**运用合适的方法，与相关方及时且有效地交换准确、恰当和相关的信息。
- **领导力。**指导、动员并激励团队成员和其他项目相关方管理及解决问题，以有效实现项目目标。
- **管理。**通过调配和使用人力、财务、物力、智力和无形资源来有效地管理项目。
- **认知能力。**在变化和不断发展的环境里，通过使用适当的感知力、洞察力和判断力来有效地指导项目。
- **高效。**在所有的项目管理活动中，通过使用恰当的资源、工具和技术以产出期望的成果。
- **职业精神。**在实践项目管理的活动中，遵从以责任、尊重、公平和诚实为主导的职业道德行为规范。

一些个人能力中的要素和其他能力重叠或非常相似。此外，个人能力将超出本书所定义的项目组合、项目集和项目经理的个人能力。

2.3 能力要素的结构

2.3.1 绩效能力

每种能力要素可被进一步定义为绩效标准、期望、证据来源和示例，例如：

- **绩效标准。**指明个人需要在每个要素中做什么来证明能力绩效。
- **期望。**每个绩效标准需要证明的行动和活动水平。
- **个人绩效标准和证据来源。**个人绩效通过证据来源评估。当个人在绩效标准所描述的范围内进行某种活动时，应当有提供某种证据的成果。这些证据包括可交付物、文档或相关方的反馈，也包括其他有形或无形的成果。在评估的时候，通过审查某种形式的证据来判定符合绩效标准的程度。
- **示例。**提供了每个标准的证据示例。评估员应注意，《PMCD 框架》所提供的示例可作为一般性的指导，并且为评估计划提供背景参考。这些示例并不是标准，也不是预期的成果。项目成果应体现出文化、组织和行业的特点，因此，评估员期望在这些项目的成果中找到差异。

在《PMCD 框架》中，术语“记录”（Documented）意味着有形证据。在这种情况下，“记录”包括数据、任何形式的媒介、正式或非正式的邮件往来、对象和输出。

2.3.2 个人能力

每个单元由几个被认为是个体展示个人能力所必需的要素组成，个人能力可用与绩效能力相似的方法表示，如图 2-1 所示。

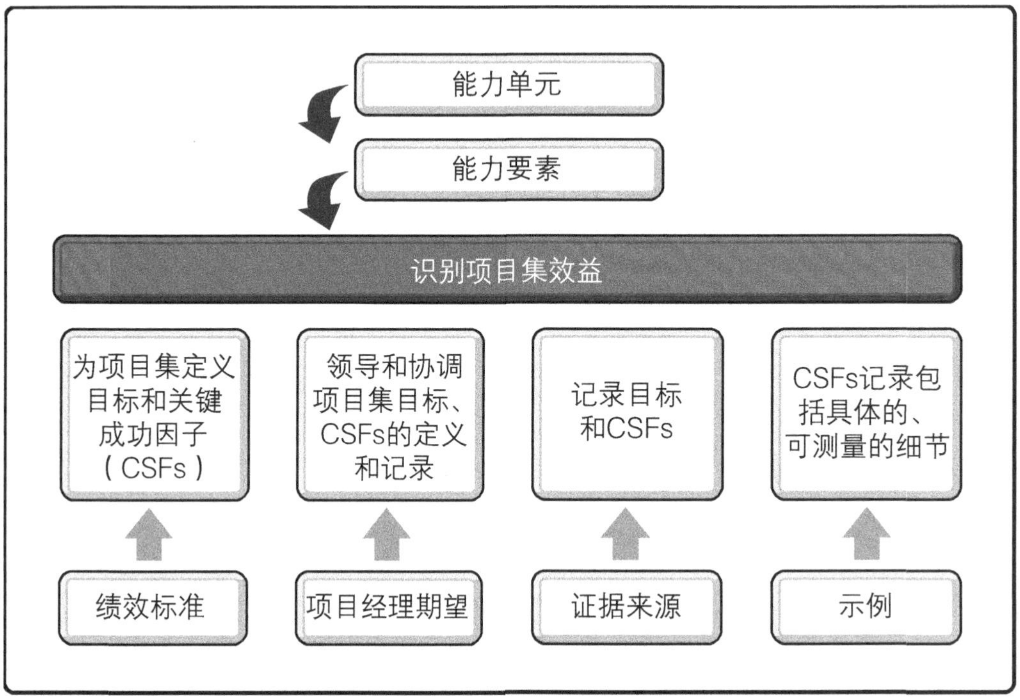

图 2-1 绩效能力要素示例

绩效标准描述了展示每个能力要素的行为。虽然绩效标准很难作为展示个人行为的客观证明，但证据类型提供了能够达到某个绩效标准的示例。

有些证据来源是项目文档，也有些是项目相关方或团队成员对于某人行为的观察记录。在有些情况下，某些证据可能适用于多个绩效标准。鉴于行为可能因单元而异，而用于证明的证据类型可能相同，因此证据的复制是经过仔细考虑的。证据类型应对评估员有指导意义，所列证据不应视作规范，而应视为典型的例子。

2.3.3 项目经理指示性能力需求

表 2-1 中所列的级别可作为帮助理解项目经理可能需要的能力水平的标准。这个指示性级别和衡量方法应根据组织的具体需要和需求进行裁剪，并且这种级别标准取决于组织中项目经理的责任和负责制，同时还需要考虑组织在项目经理工作中具有不同的资历层级。此外，一些组织会更重视特定领域的能力，如制定项目章程的能力。有关如何调整能力级别的背景和细节，在第 7 章中有进一步的叙述。

表 2-1　项目经理的能力级别

能力级别	级 别 描 述
1	该能力需要有限的经验或知识
2	需要一些这方面的知识和经验
3	需要证明这种能力，可能只是部分证明，可以在监督下进行
4	知识和经验能支持所需的全部能力
5	全部能力，即具有深厚的知识和广泛的经验支持。个人可被认为是意见领袖

2.4 项目、项目集和项目组合管理的对比

《PMCD 框架》（第 3 版）不仅为项目管理能力提供指导，还为项目集和项目组合管理能力提供指导。在以下几节中，将详细说明三个角色之间的关系和主要差异（见表 2-2）。更多细节请参考《PMBOK®指南》《项目集管理标准》和《项目组合管理标准》。

2.4.1 项目管理和项目集管理之间的关系

在一个项目集过程中会启动多个项目，项目集经理监督并指导各个项目经理。项目集经理协调项目之间的工作，但通常不会直接管理单个项目集组件。最基本的项目集管理责任包括：规划项目集；识别并规划效益的实现和维持；识别并控制项目之间的依赖关系；解决项目集中项目的升级问题；追踪每个项目或非项目工作对项目集整体效益的贡献。

整合项目集管理的本质涉及协调项目或项目集的各个过程。这些协调适用于所有项目集管理活动，还涉及管理高于单个项目层级的过程。这种整合管理的一个例子是，在项目集的层级上管理问题和风险，因为这涉及多个项目或跨项目边界，因此无法在单个项目层级上处理。

项目集和项目集各个组件间的交互往往是迭代和循环的。在项目集规划阶段，信息流主要但不完全是从项目集的各个组件（子项目）向项目集流动。在此期间，有关影响交叉依赖性的状态变化的信息可以从项目流向项目集，然后从项目集流向受影响的项目。在项目集早期阶段，项目集指导单个项目集组件协调和达成预期的项目目标和效益。项目集也会影响项目集中的单个项目的管理方法。这种影响是通过项目集经理的决策能力和相关方参与、项目集治理来实现的。在项目集后期，各个组件通过项目集治理流程汇报项目状态、风险、变更、成本、问题和其他影响项目集的信息。在制订进度期间可以找到这种交互的示例，需要在项目集组件的水平上详细审查总体项目进度计划以验证项目集层级的信息。

2.4.2 项目集管理和项目组合管理之间的关系

项目组合经理负责执行项目组合管理的流程。项目集和项目经理们专注于“把事做正确”，项目组合经理专注于“做正确的事”。项目组合经理会收到项目组合组件的绩效和进度信息，并且向项目组合管理机构传达项目组合组件如何与战略目标保持一致。他们还确保维护和遵循项目组合管理流程的时间表，并且确保项目组合组件（项目、项目集和运营）经理接收和提供项目组合管理流程所需的信息。他们是项目组合组件经理和项目组合相关方之间的沟通管道。项目组合与项目组合组件具有“父子关系”，就像项目集与项目之间的关系一样。

类似项目集和项目管理之间的交互关系，项目组合管理和项目集管理如同组织战略和目标关系的一部分进行交互。当组织管理项目组合的时候，项目集就会受到项目组合需求的影响，如组织的战略和目标、效益、资金分配、需求、时间表和约束条件，这些都转变为项目集范围、可交付成果、预算和进度。这种影响的方向是，从项目组合流向项目集。

同样，在项目集的效益交付、过渡和收尾阶段，项目集经理向项目组合管理职能提供关键数据。这些数据包括项目集状态信息、项目集绩效报告、预算与进度更新、挣值与其他形式的成本绩效报告、变更请求与已批准的变更，以及升级的风险和问题。这些交互的类型和频率由项目组合管理或治理委员会指定，并且受项目集审查和更新周期的影响。

表 2-2　项目、项目集和项目组合管理的比较概述

组织的项目管理			
	项　目	项目集	项目组合
定义	项目是为创造独特的产品、服务或成果而进行的临时性工作	项目集是一组相互关联且被协调管理的项目、子项目集和项目集活动，以便获得分别管理所无法获得的效益	项目组合是为实现战略目标而组合在一起管理的项目、项目集、子项目组合和运营工作的集合
范围	项目具有明确的目标。范围在整个项目生命周期中是渐进明细的	项目集的范围包括其项目集组件的范围。项目集通过确保以协调互补的方式交付各项目集组件的输出和成果，为组织带来效益	项目组合的组织范围随着组织战略目标的变化而变化
变更	项目经理对变更和实施过程做出预判，实现对变更的管理和控制	项目集的管理方法是，随着项目集各组件成果和/或输出的交付，在必要时接受和适应变更，以优化效益的实现	项目组合经理持续监督更广泛的内部和外部环境中的变更
规划	在整个项目生命周期中，项目经理渐进明细高层级信息，将其转化为详细的计划	项目集的管理利用了高层级计划，跟踪项目集组件的依赖关系和进展。项目集计划也用于在组件层级指导规划	项目组合经理建立并维护与总体项目组合相关的必要过程和沟通
管理	项目经理管理项目团队以实现项目目标	项目集经理管理项目集，通过协调项目集组件活动，确保项目集的效益如期交付	项目组合经理可管理或协调项目组合管理人员，或者可能在项目组合中有汇报职责的项目集和项目人员
监督	项目经理监控在项目开展过程中生产的产品、提供的服务或成果的工作	项目集经理监督项目集组件的进展，确保整体目标、进度计划、预算和项目集效益的实现	项目组合经理监督战略变更及总体资源分配、绩效成果和项目组合风险
成功	项目的成功通过产品及项目的质量、时间表、预算的合规性和客户满意度来进行衡量	项目集的成功通过项目集向组织交付预期效益的能力，以及项目集交付所述效益的效率和效果来进行衡量	项目组合的成功通过项目组合的总体投资效果和实现的效益来进行衡量

在一些启动项目组合的组织中，项目集经理负责使整体的项目集结构、项目集管理过程与项目组合管理计划保持一致，并且使项目团队能够成功完成其工作。项目集经理要确保项目的可交付物可以整合到项目集的最终产品、服务、成果和效益之中。项目集经理也需要确保各个项目以一致的方式得以组织和执行，并且在既定标准内完成。

2.5 典型的成长路径

项目、项目集、项目组合经理有着不同的经验水平，然而，本书并不尝试去定义这些水平。项目、项目集、项目组合经理所需具备的能力水平取决于多种因素，并且在很大程度上由组织来确定。有关如何具体实现的例子，见第 7 章。

当人们在项目、项目集、项目组合管理中成长的时候，他们会获得综合管理能力的技术和经验，并且更具战略眼光。这种成长的空间对于每个人都不同，也受所在组织的影响。

2.5.1 项目经理

通常，有一条从新手项目经理成长为有经验的项目经理的典型路径。这种成长基于在正式或非正式的成长活动（见第 6 章）中增加的项目经验和技能所导致的能力提升。

主题专家或加入项目管理的经理可能是特定主题、运营或领导力方面的专家。他们可以在此基础上增加项目管理的知识和技能。项目管理所需的能力也同样是直线管理所需的能力，管理者可以很容易地发展这些能力。没有领导或运营背景的专家通常需要弥补较大的能力差距。

2.5.2 项目集和项目组合经理

对于项目组合、项目集和项目经理来说，他们的关注焦点和任务有很大的差别，并且没有一种所谓的从项目管理发展到项目集管理，再发展到项目组合管理的自动通路。成长为新的角色，需要额外的能力，并且要变换所关注的焦点。并不是每位项目经理都能成长为项目集经理或项目组合经理，也并不是每位项目集经理或项目组合经理都适合管理项目工作。对于项目经理来说，应该在正式或非正式的成长活动（见第 6 章）中，以不断增长的技能组合和经验为基础，成长为不同的角色。

项目集管理需要全面的项目管理知识，所以项目经理可以把自己的项目管理经验拓展为项目集管理领域中的能力，并且成长为项目集经理。尽管如此，好的项目经理并不一定成为好的项目集经理，因为项目集经理所需的不同技能组合和视角不会自然而然地产生。同样，好的项目集经理可能不是好的项目经理。像项目经理一样，直线经理可以通过获得项目和项目集管理的必要能力来成长为项目集经理。

另外，项目组合管理更接近通用管理。因此，并不能简单地认为项目集经理的“下一步”职业发展就是项目组合经理。项目集经理和直线经理都需要拓展特定的能力来进行成功的项目组合管理。尽管需要弥补的能力差距较大，项目经理也可以直接成长为项目组合经理。

第 3 章

项目经理能力

本章通过确定与能力的特定要素相关的绩效标准，列出了项目经理在多种环境和情况下的能力和要素要求。评估单个项目经理的当前能力水平对理解能力基准的建立至关重要。附录 X3 包含了能力中每个要素的来源、期望和示例的详细介绍。同时，还列出了绩效能力和个人能力。有关绩效能力和个人能力的更多细节，见第 2 章。

依据能力基准衡量个人绩效将识别项目经理的个人长处和需提高的方面。个人能力的维度着眼于项目经理在管理项目方面的整体能力的行为。目标是满足或超过由《PMCD 框架》定义的能力基准。

如第 2.3.3 节所述，每个要素都有一个能力级别。这些并非不可改变，每个组织都可以根据其管理的项目类型来定义自己的能力级别。该级别旨在帮助项目经理及其经理评估他们所处的水平，以及他们应该到达的水平。更多细节见第 7 章。

3.1　项目经理绩效能力

表 3-1 列出了《PMBOK®指南》中的知识领域及过程。

表 3-1 《PMBOK®指南》中的知识领域及过程

知识领域	过 程 名 称
项目整合管理	• 制订项目章程 • 制订项目管理计划 • 指导和管理项目工作 • 监控项目工作 • 实施整体变更控制 • 关闭项目或阶段
项目范围管理	• 规划范围管理 • 收集需求 • 定义范围 • 创建工作分解结构（WBS） • 确认范围 • 控制范围
项目时间管理	• 规划进度管理 • 定义活动 • 排列活动顺序 • 估算活动资源 • 估算活动持续时间 • 制订进度计划 • 控制进度
项目成本管理	• 规划成本管理 • 估算成本 • 制订预算 • 控制成本
项目质量管理	• 规划质量管理 • 实施质量保证 • 控制质量
项目人力资源管理	• 规划人力资源管理 • 组建项目团队 • 建设项目团队 • 管理项目团队
项目沟通管理	• 规划沟通管理 • 管理沟通 • 控制沟通
项目风险管理	• 规划风险管理 • 识别风险 • 实施定性和定量风险分析 • 规划风险应对 • 控制风险
项目采购管理	• 规划采购管理 • 实施采购 • 控制采购 • 结束采购
项目相关方管理	• 识别相关方 • 规划相关方管理 • 管理相关方参与 • 控制相关方参与

3.2 个人能力单元

表 3-2 定义了个人能力单元的各个要素。

表 3-2　项目经理个人能力要素

个人能力	级别说明
沟通	• 主动倾听，理解并回应相关方 • 维护沟通渠道 • 确保信息质量 • 根据对象裁剪沟通
领导力	• 创建提高绩效的团队氛围 • 建立和维护有效的关系 • 激励和指导团队成员 • 承担交付项目的责任 • 必要时使用影响力技能
管理	• 建设和维护项目团队 • 为项目的成功有组织地规划和管理 • 解决与项目团队或相关方有关的冲突
认知能力	• 对项目进行全面了解 • 有效处理争议并解决问题 • 使用适合的项目管理工具和技术 • 寻求改善项目成果的机会
高效	• 解决项目问题 • 保持相关方的参与度、积极性和支持 • 按照要求的速度进行变更，以满足项目需求 • 必要时展现自信
职业精神	• 对项目的承诺言出必行 • 做事诚实正直 • 正确应对个人和团队所处的逆境 • 管理多元化的员工队伍 • 客观解决个人和组织的争议

第 4 章

项目集经理能力

本章通过确定与能力具体要素相关的绩效标准，列出了项目集经理在多种环境和情况下的能力。通过评估来理解单个项目集经理的能力水平对建立能力基准至关重要。根据能力基准衡量项目集经理的个人绩效，有助于识别项目集经理的优势和发展需求。个人能力的维度着眼于与管理项目集的综合能力相关的行为。目标是满足或超过《PMCD 框架》定义的基准能力。

附录 X3 包含了每个能力要素的依据、期望和示例的详细介绍。列出了绩效能力和个人能力。有关绩效能力和个人能力的更多细节，见第 2 章。

项目集经理的角色与项目经理的角色是不同的。在整个项目集期间，项目集经理在五个项目集管理绩效领域内开展工作：项目集战略一致性、项目集效益管理、项目集相关方参与、项目集治理和项目集生命周期管理；并且与每个项目经理互动，对各自的项目提供支持和指导。项目集经理还与运营团队互动，也可能与组织内的其他项目集（有时称为子项目集）建立关系。项目集经理还传达了每个项目与整个项目集和组织绩效目标之间的重要关系。项目集经理致力于确保整个项目集结构和项目集管理过程能够使项目集及其组件团队成功地完成他们的工作，并且将组件的可交付成果集成到项目集的最终产品、服务、成果和效益中。项目集经理努力确保项目以一致的方式得以组织和执行，并且在既定标准内完成。

项目集经理需要对项目集目标、组织文化和过程有广泛的认识。项目集经理应在项目集过程中系统地、有效地处理若干问题。例如，在项目集组件之间优化资源，评估总拥有成本，以及跨组件监控需求和配置管理。

项目集经理带领项目集管理团队来确定项目集方向，识别相关性，沟通项目集需求，跟踪进度，做决策，识别和缓解风险，解决冲突和问题。项目集经理与组件（项目）经理开展合作，并且经常与职能经理合作以获得支持，解决冲突，并且通过提供具体的操作说明来指导单个项目集团队成员。领导力嵌入项目集经理的工作之中，并且贯穿整个项目集过程。

项目集经理采用战略愿景和规划，将项目集目标和效益与组织的长期目标保持一致。一旦确定了项目集目标和效益，就会制订结构化的计划来执行各组件。当项目经理负责组件工作时，项目集经理有责任确保各个规划与项目集目标和效益保持一致。

在项目集中，通过在五个相互关联和相互依存的项目集管理绩效领域中工作，项目集经理需要整合和控制组件之间的相关性。通过这些绩效领域，项目集经理监督和分析组件的相关性，以帮助确定将组件作为一个项目集进行管理的最佳方法。与这些相关性有关的行为可能包括：

- 领导和协调共同的项目集活动，如贯穿所有项目集组件、工作或阶段的融资和采购；
- 解决影响项目集内多个组件的资源约束和/或冲突；
- 以反映项目集内所有活动的方式与相关方进行沟通和报告；
- 积极应对跨项目集多个组件的风险；
- 使项目集成果与组织/战略方向保持一致，它们能改变并影响单个及多个组件，或者项目集的目的和目标；
- 在共享治理结构内解决范围、成本、进度、质量和风险的影响；
- 裁剪项目集管理活动、过程及接口，以有效处理项目集中的文化、社会经济、政治和环境差异。

通过结构化的监督和治理，项目集管理能够在项目集各个组件间实现适当的计划、控制、交付、移交和效益维持，以实现项目集预期的战略效益。项目集管理提供了一个框架来管理相关工作，用以考虑关键因素，如战略效益、协调规划、复杂相关性、可交付成果的整合和优化步骤。

项目集经理应该预测到项目集内部和外部都会发生变更，并且应准备对其进行管理。项目集经理制订总体项目集规划，并且创建高层级规划，以指导组件层级的详细规划。项目集经理管理项目集成员和项目经理，并且描绘愿景和提供全面领导。成功是通过项目集满足需求和效益的程度来衡量的。项目集经理指导项目集组件的进展，以确保项目集的总体目标、进度、预算和规范得到满足。

4.1 项目集经理绩效能力

表 4-1 定义了每项绩效能力单元的要素。

表 4-1 项目集经理——绩效能力单元

绩效能力单元	能力要素
项目集战略一致性	• 项目集和组织战略保持一致 • 制定项目集路线图 • 评估环境
项目集效益管理	• 确定项目集效益 • 分析并规划项目集效益 • 交付项目集效益 • 移交项目集效益 • 确保项目集效益维持
项目集相关方管理	• 执行项目集相关方识别 • 执行项目集相关方参与规划 • 监督相关方的参与
项目集治理	• 定义治理结构 • 管理问题解决和项目集变更 • 授权项目集组件变更（启动、移交、收尾) • 审核项目集绩效 • 确保项目集符合组织标准
项目集生命周期管理	• 定义项目集 • 制定项目集 • 筹备项目集 • 交付项目集 • 批准和规划组件 • 监督和整合组件 • 移交和收尾组件 • 项目集收尾 • 提供项目集活动概述 • 管理项目集整合 • 开发项目集基础设施 • 管理项目集交付 • 监控项目集绩效 • 维持效益和移交项目集 • 项目集关闭
项目集沟通管理	• 规划沟通 • 发布信息 • 报告项目集绩效
项目集财务管理	• 估算项目集成本 • 建立项目集财务框架 • 制订项目集财务管理计划 • 估算组件成本 • 制订项目集预算 • 监控项目集财务 • 项目集财务收尾
项目集整合管理	• 启动项目集 • 制订项目集管理计划 • 开发项目集基础设施 • 管理项目集交付 • 监控项目集绩效 • 管理项目集移交和效益维持 • 项目集收尾
项目集质量管理	• 规划项目集质量 • 项目集质量保证 • 控制项目集质量
项目集资源管理	• 规划项目集资源管理 • 项目集资源优先级排序 • 管理资源相互依赖关系
项目集风险管理	• 规划项目集风险管理 • 识别项目集风险 • 分析项目集风险 • 规划项目集风险应对 • 监控项目集风险
项目集时间管理	• 规划项目集进度 • 控制项目集进度
项目集范围管理	• 规划项目集范围 • 控制项目集范围

4.2 项目集经理个人能力

表 4-2 定义了每个个人能力单元的要素。

表 4-2 项目集经理——个人能力单元

个人能力单元	能力要素
沟通	• 主动倾听，理解并回应相关方 • 维护沟通渠道 • 确保信息质量 • 根据对象裁剪沟通
领导力	• 创建提高绩效的团队氛围 • 建立和维护有效的关系 • 激励和指导项目集团队成员 • 承担交付项目集的责任 • 必要时使用影响力技能
管理	• 建立和维护项目集团队 • 为项目集的成功有组织地规划和管理 • 解决与项目集团队或相关方有关的冲突
认知能力	• 对项目集进行全面了解 • 有效处理争议并解决问题 • 使用适合的项目集管理工具和技术 • 寻求改善项目集成果的机会
高效	• 解决项目集问题 • 保持项目集相关方的参与度、积极性和支持 • 按照要求的速度进行变更，以满足项目集需求 • 必要时展现自信
职业精神	• 对项目集的承诺言出必行 • 做事诚实正直 • 正确应对个人和团队所处的逆境 • 管理多元化的员工队伍 • 客观解决个人和组织的争议

第 5 章

项目组合经理能力

本章通过确定与能力具体要素相关的绩效标准，列出了项目组合经理在多种环境和情况下的能力。通过评估来理解单个项目组合经理的能力水平对建立能力基准至关重要。

附录 X3 包含了每个能力要素的依据、期望和示例的详细介绍。列出了绩效能力和个人能力。有关绩效能力和个人能力的更多细节，见第 2 章。

根据能力基准衡量项目组合经理的个人绩效，有助于识别项目组合经理的优势和发展需求。个人能力的维度着眼于与管理项目组合的综合能力相关的行为。目标是满足或超过《PMCD 框架》定义的基准能力。

项目组合经理负责项目组合管理过程的执行。项目集和项目经理们专注于“把事做正确”，项目组合经理专注于“做正确的事”。项目组合经理会收到关于项目组合组件绩效和进度的信息，并且向项目组合管理治理机构传达如何将项目组合组件作为一个整体与战略目标相一致。然后，他们为行动提供适当的建议或选择。项目组合经理也要确保项目组合管理过程的时间表得到维护和遵循，以及项目组合组件（项目、项目集和运营）经理在项目组合管理过程中接收并提供所需的信息。项目组合经理是项目组合组件经理和项目组合相关方之间的主要连接渠道。

项目组合经理可能是个人、团体或管理机构，负责建立、监督和管理所有已分配的项目组合。具体职责可能包括：

- 在组织内为项目组合管理建立和维护一个框架（一套概念性的及可传播的思想体系）与方法论（一套政策和程序体系）；
- 建立和维护相关的项目组合管理过程（战略管理、治理管理、沟通管理、绩效管理和风险管理）；
- 指导项目组合组件的选择、排序、平衡和终止，以确保与战略目标和组织优先级相一致；

- 建立和维护适当的基础设施和系统，以支持项目组合管理过程；
- 不断对项目组合进行审查、再分配、重排序和最优化，以确保与不断变化的组织目标、市场机会和威胁持续保持一致；
- 为关键相关方及时提供关于项目组合组件的选择、排序和绩效的评估，并尽早识别（和干预）影响绩效的有关项目组合层面的问题及风险；
- 满足法律和法规要求；
- 获得当前和未来相关方的信息需求；
- 通过确保与相关方就进展、变更和对项目组合组件的影响进行及时和持续的沟通，以支持高级别决策；
- 随着项目组合及其组件的启动，影响项目发起人以使其积极参与项目组合和每个项目组合组件；
- 参与项目集和项目的审查，以在关键决策中体现高层的支持、领导力和参与。

项目组合经理应该知道项目组合是如何与组织战略相关联的。项目组合经理评估和衡量项目组合为组织目标增加的效益。在整个项目组合的生命周期中，项目组合经理应该能够管理风险，监督和确定项目组合组件的优先次序，解决需要高层关注的问题，开发和改进过程，并且应用组织知识和管理技能。此外，项目组合经理应该能够有效地管理组织的资源，并且为相关方的沟通需求提供及时的信息。

项目组合经理的专业知识应包括但不限于以下领域：

- 项目组合战略管理和匹配；
- 项目组合管理和技术；
- 相关方参与；
- 领导力和管理技能；
- 风险管理。

5.1　项目组合经理绩效能力

表 5-1 定义了每项绩效能力单元的要素。

表 5-1　项目组合经理——绩效能力单元

绩效能力单元	能力要素
项目组合战略管理	• 制订项目组合战略计划 • 制订项目组合章程 • 定义项目组合路线图 • 管理战略变更
项目组合治理管理	• 制订项目组合管理计划 • 定义项目组合 • 优化项目组合 • 定义治理结构 • 授权项目组合 • 提供项目组合监督
项目组合绩效管理	• 制订项目组合绩效管理计划 • 管理供求关系 • 管理项目组合价值 • 管理问题解决和项目组合变更 • 审查项目组合绩效 • 确保项目组合符合组织标准
项目组合沟通管理	• 制订项目组合沟通管理计划 • 管理项目组合信息
项目组合风险管理	• 制订项目组合风险管理计划 • 管理项目组合风险
项目组合相关方管理	• 识别相关方 • 规划相关方管理 • 管理相关方参与 • 控制相关方参与 • 管理问题解决和项目组合变更 • 审查项目组合绩效 • 确保项目组合符合组织标准

5.2 项目组合经理个人能力

表 5-2 定义了每个个人能力单元的要素。

表 5-2 项目组合经理——个人能力单元

个人能力单元	能力要素
沟通	• 主动倾听，理解并回应相关方 • 维护沟通渠道 • 确保信息质量 • 根据对象裁剪沟通
领导力	• 创建提高绩效的团队氛围 • 建立和维护有效的关系 • 激励和指导项目组合团队成员 • 承担交付项目组合的责任 • 必要时使用影响力技能
管理	• 建立和维护项目组合团队 • 为项目组合的成功有组织地规划和管理 • 解决与项目组合团队或相关方有关的冲突
认知能力	• 对项目组合进行全面了解 • 有效处理争议并解决问题 • 使用适合的项目组合管理工具和技术 • 寻求改善项目组合成果的机会
高效	• 解决项目组合问题 • 保持项目组合相关方的参与度、积极性和支持 • 按照要求的速度进行变更，以满足项目组合需求 • 必要时展现自信
职业精神	• 对项目组合的承诺言出必行 • 做事诚实正直 • 正确应对个人和团队所处的逆境 • 管理多元化的员工队伍 • 客观解决个人和组织的争议

第 6 章

项目组合、项目集、项目经理的能力发展

本章描述了定义能力需求、分析个人发展需求和发展所需能力的过程。该过程可被组织用于系统化地发展项目组合、项目集和项目经理，也可被专业人士用于分析和规划个人发展。

前几章定义的绩效和个人能力，以及在 PMI 基础标准中定义的知识能力（过程、工具和技术）是能力发展过程的关键输入。在本书中呈现的所有能力需求均适用于典型的项目组合、项目集和项目经理；因此，应该调整这些能力需求以反映组织需求、文化、具体的角色定义及个人期望，以便为能力评估和发展定义合适的基准。

本过程旨在被组织和个人用来评估需求和能力，并且在项目组合、项目集和项目管理中支持组织与个人持续发展能力。本过程并不是为了识别或确认项目组合、项目集和项目经理的能力而仅进行的一次性评估。

应定期进行绩效能力发展过程，以评估和提高项目组合、项目集和项目管理的能力。根据意图、目标群体和组织条件，可以针对每个人的需求，对所有或仅为选定的能力进行评估，评估的方式可以是增量的，也可以是整体的。建议的能力发展过程总结如下（见图 6-1）。

- **第 1 步：审查需求（6.1 节）。**在能力发展过程的第 1 步中，通过审查组织特定需求和个人要求，以及本书中（绩效和个人能力）和 PMI 基础标准（知识能力）中描述的能力要求来定义评估标准。使用这些综合需求来识别现有差距，定义目标、范围和评估标准。

- **第 2 步：评估能力（6.2 节）。**在第 2 步中，利用从第 1 步得到的评估标准来评估项目组合、项目集或项目经理的能力。评估的目的是通过识别优势和劣势领域，从而确定下一步如何发展以提高能力和结果。

- **第 3 步：准备能力发展计划（6.3 节）。**在第 3 步中，定义能力发展计划以处理评估结果。该计划规定或建议要开展的活动。根据商定的活动，被评估的个人或组织中的其他人员有责任将单一的发展活动付诸实施。

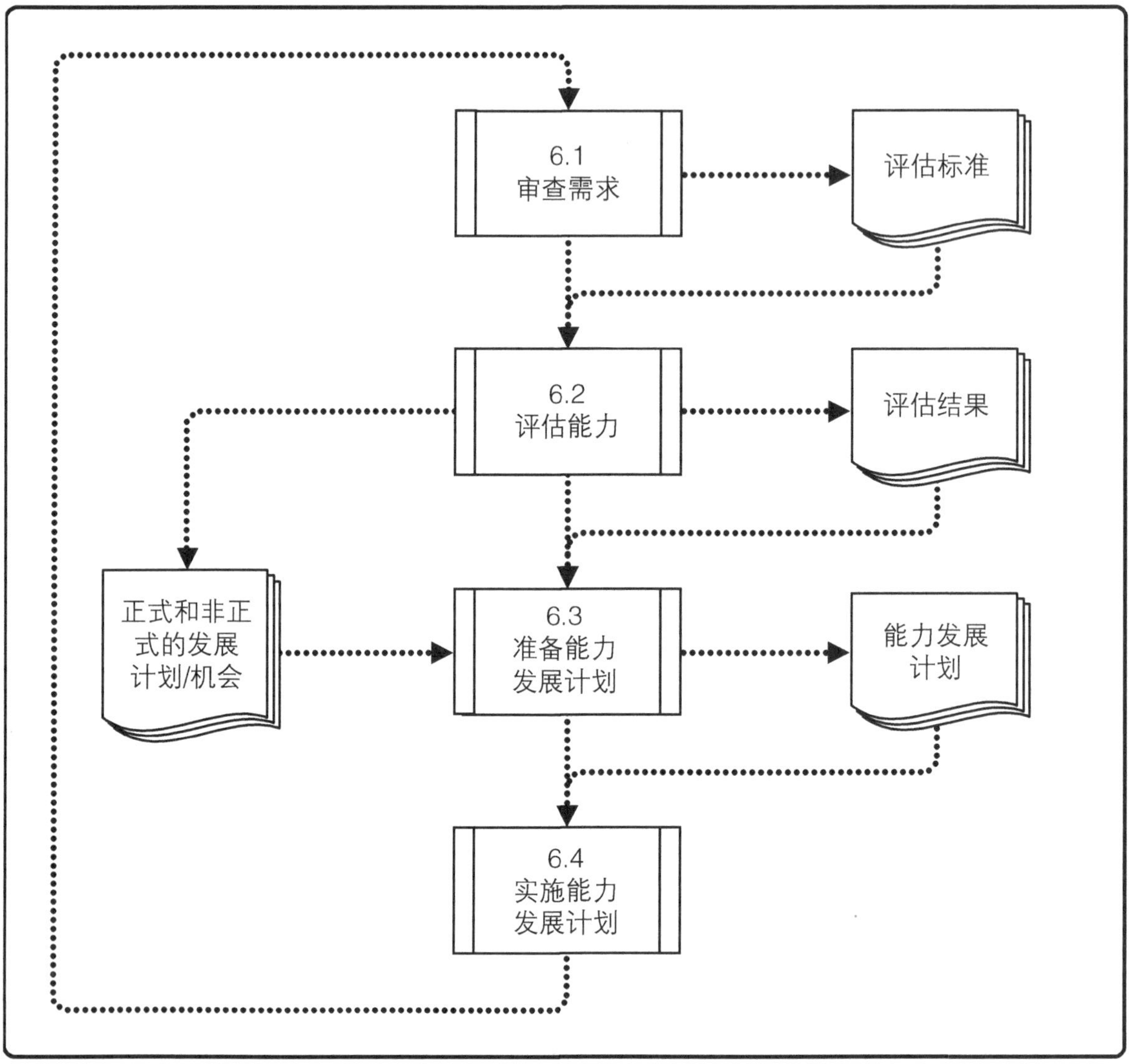

图 6-1　能力发展过程

- **第 4 步：实施能力发展计划（6.4 节）**。在第 4 步中，执行第 3 步中定义的发展活动，并且根据能力发展计划对其进行监督/跟踪。这包括评估已完成的活动和实现已定义的目标。
- **小结（6.5 节）**。将结果与第 1 步中列出的需求进行比较，并且使用相同或不同的关键能力重复整个过程，以进一步发展项目组合、项目集或项目经理的能力，并且将此步骤贯穿项目组合、项目集和项目管理始终，从而提高组织的整体能力。

该过程的目标用户体现了该过程的广泛用途，从个人的自我评估到组织层面的评估，包括：

- 项目组合、项目集和项目经理；
- 项目组合、项目集和项目经理的经理；

- 项目组合、项目集、项目管理办公室的成员；
- 负责建立和发展项目组合、项目集和项目管理能力的经理；
- 项目组合、项目集和项目管理及其他相关领域的教育者和培训师；
- 与项目组合、项目集和项目管理相关的教学项目的开发人员；
- 项目组合、项目集和项目管理行业的咨询师；
- 人力资源经理；
- 高级/战略管理；
- 组织能力发展经理；
- 致力于项目组合、项目集和项目的专业人士和管理者。

6.1　第 1 步——审查需求

为了确保能力评估的结果是有意义和有效果的，应当识别出组织、文化和个人的需求，并与绩效、个人和知识能力的需求相结合。这将为每个个体或群体建立目标、范围、发展计划、标准和评估基准。

所识别的需求可能影响下列能力维度中的一个或全部：

- 知识期望。
- 绩效期望。
- 个人行为期望。

这些需求会影响评估的目的、范围和实施，以及所有后续的活动。例如，发展计划和发展活动。

有关输入、工具与技术和输出的列表，请见图 6-2。

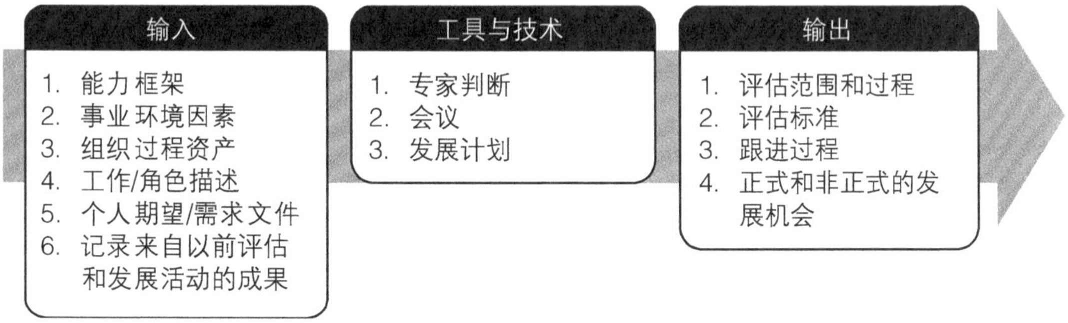

图 6-2　审查需求：输入、工具与技术和输出

6.1.1 组织需求和文化

对项目组合、项目集和项目经理的能力需求主要来自组织背景和文化环境。

组织架构和职能模型、过程、政策与程序、沟通渠道及文化环境等因素通常会影响所有三个能力维度和实施过程。

6.1.1.1 示例

- 组织政策或指导方针影响知识行为期望（如工具）；
- 文化环境影响绩效行为期望（如相关方管理和背景评估）；
- 要求或期望的领导风格影响个人行为期望（如独裁风格与授权风格）；
- 可用的发展活动影响发展计划的定义和实施；
- 组织影响目标群体和评估过程。

6.1.2 角色定义和需求

角色定义和工作需求是将能力框架与特定组织或工作任务的需求相匹配的其他关键来源。

根据项目组合、项目集和项目经理的不同角色，能力和行为期望之间的相关性可能不同。例如，特定的角色可能需要关键能力，这些能力对于角色和组织的可重复性成功至关重要。

6.1.2.1 示例

- **高级项目集经理**。与其他项目集经理相比，对他们增加了工作要求和额外工作量。例如，管理多个相关项目以实现组织战略和更大的变更。
- **进度计划专家**。增加了有关计划和进度的需求。例如，控制和监督许多不同的卖方、承包商（包括分包商）和供应商的挣值，但减少了对其他项目管理能力的需求。
- **项目组合和项目集经理相结合的角色**。结合项目组合和项目集管理的需求，以反映角色的任务。例如，组织战略、资源和资产管理。

6.1.3　个人期望

项目组合、项目集或项目经理的个人期望取决于他们的知识与经验、整体形势、背景和相关方的个人期望。

除组织和角色的特定需求以外，个人期望是使评估过程和标准适应组织特定需求的另一个来源。

6.1.3.1　示例

- **困难项目的项目经理**。更加关注与困难项目有关的能力和跟踪记录。
- **从项目管理过渡到项目集管理**。加强对项目集管理中特有的项目集管理能力的关注；减少对项目和项目集管理之间“共享”的能力的关注。
- **从经验丰富的高管转向项目管理**。关注知识和绩效能力；减少对作为执行角色而建立的个人能力的关注。

6.1.4　评估标准

基于已经识别的需求，定义每个目标群体的评估标准，从而创建能力评估基准。评估标准参考了三个能力维度，并描述了可观测的行为或结果。为项目组合、项目集或项目经理的行为和结果收集证据的重要工具有：访谈；调研；可交付成果；其他与项目组合、项目集或项目管理相关的文件和审核；关键绩效指标和成功标准实现率；任何可重复的成功测量。

在某种程度上，定义评估标准非常重要，以便对实际行为、绩效和结果进行评估。简单检查正式文件是否存在并不足以评估绩效。而对于项目组合、项目集和项目经理的预期行为也是如此，应该评估他们的目的和影响，而不仅仅评估表面行为。

以下是三个评估维度：

- 知识期望。
- 绩效期望。
- 个人行为期望。

6.1.4.1 知识期望

知识能力是指一个人对项目组合、项目集和项目管理规则，以及项目组合、项目集和项目如何进行启动、规划、执行、控制、移交和收尾的了解。

所需知识的定义来自 PMI 的基本标准和考试大纲(如 PMP®、PgMP®和 PfMP®考试大纲)。

项目组合、项目集或项目经理展示知识的方式可以通过合适的资质评估（如 PMP®），或者获得组织指定的证书。

6.1.4.2 绩效期望

绩效能力是指一个人能够通过应用项目组合、项目集和项目管理知识来实现并达到目标的能力。

可以通过评估相关结果来证明项目组合、项目集或项目经理的绩效。这些结果应根据需求、期望和条件进行判断——只检查证据是否存在是不够的。

衡量该能力的关键依据可以是对项目组合、项目集或项目的成功管理和交付。然而，仅凭单独的一项业绩记录并不足以证明其绩效能力。绩效能力还需参考一些特定证据以表明项目组合、项目集或项目经理所需的其他能力。

6.1.4.3 个人行为期望

个人能力是指那些对管理项目组合、项目集或项目有帮助的个人才能，包括行为、态度和核心性格特征。个人能力使项目组合、项目集或项目经理能够有效利用知识和绩效能力。

可以通过观察个体在交付项目组合、项目集和项目时的表现来获得个人能力的依据。

所需的个人能力高度依赖于文化、组织和其他条件。

6.2 第 2 步——评估能力

在这一步，定义了详细的评估方法和评估过程，并且根据在第 1 步中定义的能力标准对项目组合、项目集和项目经理进行评估。

有关输入、工具与技术和输出的列表，请见图 6-3。

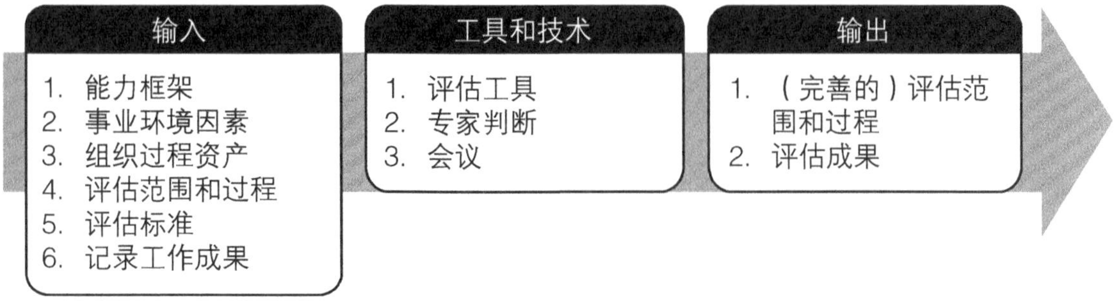

图 6-3　评估能力：输入、工具与技术和输出

6.2.1　评估细节和严格程度

在能力发展过程中应用的严格程度是指对项目组合、项目集和项目经理的能力进行评估的全面性、强度、广度和深度的级别。根据使用者及使用目的的不同，上述过程的严格程度也有所不同。本节将对相关的严格程度进行介绍。组织或项目组合、项目集或项目经理应该根据项目经理能力发展的重要性来选择适合的严格程度。如果组织对项目组合、项目集和项目管理能力的要求非常高，那么应该选择严格程度高的评估方法，从而保证对项目管理能力的精准定位。

严格程度很重要，因为它体现了评估结果的价值。如果严格程度不够，则评估的结果可能没有意义，甚至浪费时间。另外，如果投入了过多的时间和精力来生成一些根本就用不到的信息，那么这个过程的公信力就会大打折扣，甚至在以后再举办类似评估时，会遭到抵触。例如，评估者不应花费两天时间来评估一位项目经理的 200 个绩效标准，目的仅仅是为了确定是否参加一个为期两天的项目管理基础课程。

低严格程度的能力评估通常是一种针对能力标准的比较随意的自我评估或非正式的能力评估，主要用于个人发展的规划及改善。《PMCD 框架》的适当子集也可用于团队评估和风险管理，以作为项目启动的一部分。自我评估的缺点是每个人在审视自己的能力时很难保持客观一致，因此评估的结果往往存在偏差。有些人可以很好地了解自己，但有些人做不到。有些人给自己制订了很高的标准，结果导致他们的评估得分很低。因此，可以在执行完自我评估之后，请同行或经理来对评估结果进行审查，根据需要加以纠正与补充。

一个低严格程度的例子是，当项目组合、项目集或项目经理评估他们的能力时，把自我评估看作一种个人练习，或者在第三方评估前进行评估。个别人会采用较不严格的流程，收集证据的工作也可能超期。项目经理把自己的绩效与前面章节中定义的绩效标准进行对比，这种自我评估可能导致请求协助，以满足发展需求或组织评估。

对于中等严格程度的评估，其随意程度要低一些，通常在评估过程中增加了以下内容：

- 对每个绩效能力、个人能力和知识能力中的相关证据进行审查；
- 使用“360 度反馈”，收集来自各个方面的反馈；
- 与项目组合、项目集或项目经理进行面谈，对证据进行评估，从而更好地了解其所做的努力和贡献；
- 对要落实的行动事项提出具体的建议；
- 在执行提升计划之后要进行再评估。

中等严格程度的评估要求执行评估的人员具备必要的资质，从而确保他们可以顺利完成绩效评估。评估者不仅需要有评估方面的能力，还需要对项目组合、项目集或项目管理能力有深入的了解。此外，相对低严格程度的评估而言，中等严格程度的评估需要花费更多的时间，通常是前者的 2～4 倍。此外，中等严格程度的评估结果相对而言更具实用价值，可被多次使用。

高严格程度的评估过程应该被记录下来，以便在进行其他评估时可重复和保持一致，并酌情添加以下内容：

- 由合格的、独立的评估者完成评估，从而保证对被评估者的个人能力进行更为全面的观察。同时，建议的具体行动项应该被记录下来。
- 准备项目组合、项目集和项目文档，并由评估者审查，被评估者描述如何在近期的项目中展示每个绩效标准。
- 研讨会、焦点小组或情境模拟可能用来区分说服能力和执行能力。
- 中心文档系统用于每项评估及判断，还用于在独立打分时协调评估者差异。这对评估者的评估及法律原因至关重要。

高严格程度为可重复的项目组合、项目集和项目的成功率提高了评估工作的准确度和结果的一致性。

6.2.2 评估过程

项目组合、项目集和项目经理需要收集切实有用的相关证据用于评估。组织也会对评估所采用的定性的、定量的和说明性的方法进行规定，同时明确如何收集和审查证据。

评估的核心目标是达到或超过《PMCD 框架》所界定的能力（绩效和个人能力）基准，

以及 PMI 的基本标准（知识能力）和组织、个人要求。在评估之前需要定义可接受的输出或绩效水平，例如：

- 低于期望，或者能力正在提升；
- 达到期望，或者可以胜任；
- 超出期望，或者完全胜任。

如果通过评估发现能力有差距，则必须说明差距的程度，并且确定需要提升的方面。在评估过程中的任何时候，如果发现能力差距，那就意味着被评估者所执行的项目正处于风险之中，因此，评估者需要立即采取措施来解决差距。

在描述差距时，可以从能力维度、能力单元、能力要素等不同级别进行描述，也可以细化到具体的绩效标准级别。并不是所有的差距都需要按照相同的详细程度进行检查，可以从全局角度审视这些差距以提供多维的信息，也可以从个别角度分析以提出具体的发展机会。

在评估完成之后，应该制订一份发展计划，指导个人和组织朝着既定的目标和方向前进。组织可能希望努力改善那些能够带来最大的改善收益和规模经济的关键能力领域，而不是试图一次集中解决所有可能的问题。

当在一个能力要素或能力单元中存在相当大的绩效标准差距时，发展活动可能需要更全面的办法来解决差距。评估者需要知道，当使用全局方法时，某一领域的优势可能掩盖其他领域的一个或多个弱势。因此，评估者需要意识到在什么时候使用全局方法和细部方法。

6.2.3 评估工具

评估需要标准化的工具为项目组合、项目集和项目可交付物提供持续、可靠和可重复的成功率。

有很多评估工具可以在不同的部门、行业和经济体中应用。将这些工具与定义的评估标准相结合，以创建最终的评估工具集（如指南、问卷、调查工具和差距分析工具）。

6.2.3.1 基于输入的评估

- **观察**。在工作期间，评估者观察被评估者，以确定三个能力维度（知识、绩效和个人）的使用及执行水平。
- **访谈**。通过一系列访谈来评估候选人对三个能力维度（知识、绩效和个人）的理解程度。

- **参加学术课程或发展课程的成果**。候选人通过学习课程的成果被认为是评估候选人能力的一部分。
- **参加培训和研讨会。**被评估者参加培训或研讨会的成果被认为是评估候选人知识能力的一部分。
- **反馈/前馈**。包含组织已往绩效评估信息的存档，还包含差距分析工具和文档。

6.2.3.2 基于输出的评估

- **绩效任务。**通过正式的绩效管理和发展过程，使用候选人的输出结果以评估三个能力维度（知识、绩效和个人）的成绩。这个过程通过标准化的组织工具（如年度绩效考核）进行。
- **提高能力的证据组合。**作为绩效管理和发展过程的一部分，应提交绩效证据组合。
- **出版物和培训活动。**被评估者所做的各种贡献（如通过在同行评审的期刊上发表文章；在会议和研讨会上进行演讲；参加领域或行业特定的贸易展览；与同行参与各种经过专业认证的在线平台，如社交网络论坛、工具与博客、白皮书、知识交流工具与平台或技术指导；在项目组合、项目集或项目管理领域培训其他人）可以用来衡量三个能力维度（知识、绩效和个人）。
- **自我评估和同行评估。**可以制订标准化问卷来衡量能力，该问卷应由候选人或同行完成以精准评估能力水平；应该采用“360 度反馈”的、自我完善的方法。

6.2.4 组织层面的评估

当在整个组织中应用评估过程时，评估方法可能相当正式和严格。评估者可能是被评估者的经理、资深同行，或者外部评估者或顾问。在很多组织中，为了在整个组织中使用统一方法，会有第三方参与，他们可能来自人力资源或培训部门。如果使用第三方服务，应由人力资源、培训部门或能力发展部门适当和有效地进行引导，以确保供应商清楚了解组织流程、人员、工作惯例和资产。这确保了在整个组织中制订和管理评估过程的包容性和结构化。

评估者应该与项目组合、项目集或项目经理进行面谈，以讨论评估过程，并且执行评估。建议项目组合、项目集或项目经理先独立完成能力评估，并且把自我评估的结果作为与评估者面谈的重要输入。

对于评估者观察的注解和评估结论的论证，应当以合适的存储和归档设备（如集中管理的电子知识库）进行记录，作为个人发展计划，以及部署适当的发展活动的输入。

如第 1 步所述，组织通常需要在《PMCD 框架》的基础上补充更多的能力，以满足组织期望，以及项目组合、项目集和项目专业人员的背景要求。组织可能选择包含项目类型、行业或特定技术的需求。组织可能希望对《PMCD 框架》进行解释，使其与自身的战略水平、成熟度水平、资历水平或职位水平保持一致。

6.3　第 3 步——准备能力发展计划

在评估完成后，编制能力发展计划。使用从第 2 步中收集到的信息，确定每个项目组合、项目集或项目经理的发展需求，从而帮助其逐步建立自身优势，这一点非常重要。

有关输入、工具与技术和输出的列表，请见图 6-4。

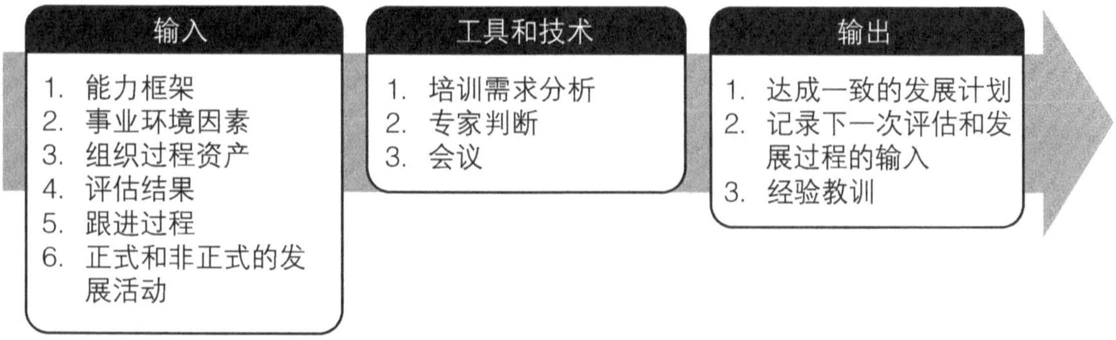

图 6-4　准备能力发展计划：输入、工具与技术和输出

应及时处理评估结果，因为在评估结果中通常有一些事项需要立即采取纠正措施。另外，发展计划也要进行优先级管理，以确保对于个人和组织最为关键的那些事项能得到优先落实。在优先级确定之后，要制订切实可行的时间计划表。

着重关注那些优先级高的事项，可以更有效地实施计划。就像可以使用 WBS 把大项目分解为更容易管理的可交付物一样，能力评估也有助于把能力要素进行细分。

6.3.1　解决发展需求的方式

解决发展需求有三种主要方式，分别是体验式学习、正式学习和非正式学习。每个领域都有多种方法可供使用。项目组合、项目集或项目经理如何选择解决其发展需求的方式取决于多个方面，例如，他们目前的能力水平、可用资源、成本和时间。在选择最佳的发展路径前需要进行一些分析。根据期望的发展目标，通常将正式和非正式的培训交付技术与体验式环境结合起来以满足整体目标。第 6.3.1.1~6.3.1.3 节描述的学习环境可用于解决发展需求。

6.3.1.1 体验式学习

体验式学习是通过实践和体验来学习的行为，它让项目组合、项目集或项目经理得以通过工作来解决多数发展需求。例如：

- **导师制/教练制**。当项目组合、项目集或项目经理需要帮助或者想要讨论问题时，可以为其专门分配一名导师或教练。项目集或项目组合经理可能讨论问题或疑惑，从而寻求关于如何处理或解决当前或未来问题的建议；他们还可能对能力、个人行为和框架条件进行讨论。这些导师或教练可能是、也可能不是其直线经理。当项目组合、项目集或项目经理想要解决发展需求时，采用导师制或教练制的效果最佳。

- **相互教练**。当项目组合、项目集或项目经理之间具有相似的能力并能相互提供支持时，相互教练是有效的。这种安排可以为两个或更多的项目组合、项目集或项目经理创造积极的和支持性的环境。有时候，一位更有经验或更资深的经理也有必要参与其中，以确保与最佳实践保持一致，这被认为是从组织现有的知识库中学习。

- **角色扮演**。当需要解决具体的发展问题或行为时，角色扮演可能较为合适。参与者使用角色扮演来探索情境中的人类行为动力学。角色扮演所形成的协同效应，以及其中的幽默性和戏剧性，增强了学习效果和对含义的理解。

- **模拟/游戏化**。这是一种角色扮演的变体，通过技术平台来提供，以创建更复杂的情境，覆盖比传统角色扮演方法更长的模拟虚拟时间。模拟可以创造经验，特别是在项目组合、项目集和项目工具方面，以及在复杂度和平衡竞争性目标和活动方面的经验。若将它们与传统的培训方法或其他正式和非正式的小组互动相结合，模拟的效果将更显著。个人和组织可以获得借助各种模拟场景和环境进行检验、学习和成长的机会。个人也可以将其代入具体情境中，将其与他们所参与的项目组合、项目集和项目的需求和要求进行关联。

- **在职培训**。项目组合、项目集或项目经理可以从实际项目中获得经验来树立信心，逐步提升其经验的复杂度、广度和深度。这可能意味着将个人分派到规模较小或不那么复杂的项目组合、项目集或项目中去，直到对他们的能力有了充分的了解。或者可能意味着在特定的一段时期内与期望岗位上的另一名员工进行岗位轮换，从而增进其知识、能力和技能。另一种选择可能是给他们增加另一个岗位的角色——该岗位超出了项目组合、项目集或项目经理当前的岗位职责或更为复杂。这不应该等于允许失败，而是为他们提供一个学习和成长为新角色的机会。这种安排应该是结构化和支持性的。

- **工作跟随**。工作跟随是指，在特定的组织环境中学习和观察个人的行为模式、依存关系和行为。工作跟随提供了决策和依据的综合数据集，以作为个人行动和决策的参考。工作跟随可能在很长一段时间内得到促进，还可以更频繁地被应用，以便快速了解所存在的问题并以最有效的方式加以解决，例如，组织战略、变更及风险评估、阶段关口审查、治理、控制和监督等。此方法通常要求个人在商定的时期段内对其他经验丰富的项目组合、项目集或项目经理进行跟随，同时持续记录可观察的活动、行动和行为模式。

6.3.1.2　正式学习

正式学习是一种结构化的教育方法，通过传统的教师主导式课堂、书本学习、网络课堂、技术平台、虚拟学习环境、同行评审出版物或电子教育数据库学习来实现。

- **集体培训**。这种类型的培训可以由教育机构来提供，实现对众多有着相同发展需求的项目组合、项目集或项目经理们的培训。解决更具体的发展需求则可能需要其他不同的方法。

- **个性化培训**。当有一个或者多个项目组合、项目集或项目经理需要特定领域的培训且相关资源又有所缺乏时，可以使用此类培训。有许多注册教育机构（REPs）可供选择。相关资源及所涵盖的专题领域，可以在项目管理协会的网站（www.pmi.org）查看。

- **课堂培训**。经验丰富的项目组合、项目集或项目经理在组织内部提供这种形式的面对面培训。它既可以是一个完整的项目管理培训课程，也可以是为解决组织内的某一问题而进行的专题培训。创建和开发内部课程的管理工具和手册，以作为参考和指南，这通常是该组织核心或分部门知识库的一部分。

- **虚拟学习环境**。虚拟学习环境也称为基于计算机的培训（CBT）、计算机辅助教学、网络培训和基于网络的学习，是一种教学策略。计算机用来提供学习目标、学习资源、记录或学习日志、进度跟踪与检查、经验教训，以及对学习效果的形成性及汇总性评估。在大多数情况下，它是面向个人学习者的演练和练习、辅导、虚拟角色扮演及模拟活动。对于这些培训套餐，可以购买已有的，也可以由组织创建，并按照适合项目经理的学习节奏和学习便利性（通常自定学习进度）使用，或者嵌入到其他培训活动（如课堂培训）中学习。

- **混合式学习**。这种培训形式将不同形式的体验式学习、正式和非正式学习整合为一门课程，以发挥每种学习形式的优势，强化学习效果。混合式学习概念的实施还可有助于降低培训成本。分阶段在线学习、课堂培训、研讨会、模拟角色扮演和虚拟/基于网络的学习是混合式学习的一些有用及有价值的形式。

- **项目管理协会（PMI）赞助的活动**。项目管理协会提供一系列的培训、发展和教育项目。有关这些项目及其所涵盖的特定主题清单，请登录项目管理协会网站（www.pmi.org）查看。

- **公共教育。**许多大专院校提供了项目管理培训，开设了项目组合、项目集和项目管理的证书和学位课程(包括研究生课程)。其中一些学院还获得了项目管理协会的认可。GAC 认证（项目管理教育项目全球认证中心）公开证实，这些学院的项目管理计划符合全面的质量标准，可为个人在项目组合、项目集和项目管理职业生涯的成功做好准备。当一个项目获得 GAC 认证时，个人可放心选择，因为它能提供高质量的项目管理培训。GAC 计划和教育都基于严格的质量标准。

6.3.1.3 非正式学习

非正式学习是一种除传统正式教育计划之外的自然学习方法。

以下是一些非正式学习活动，这些活动可能对项目组合、项目集和项目经理的发展非常有利：

- 研讨会和会议；
- 网络和视频会议；
- 面对面会议；
- 音频和软拷贝书籍；
- 硬拷贝书籍和同行评审类期刊；
- 播客；
- 博客；
- 在线论坛；
- 游戏和模拟；
- 通过各种相关领域特定的实践社区来进行社交（在线或面对面）；
- 专业的、法定的和监管机构的出版物；
- 项目管理社区。

6.3.2　基于能力的发展

成人学习者将多年从事项目组合、项目集和项目的实际经验，以及不同级别的传统培训纳入其知识库。通过发挥项目组合、项目集和项目经理现有的技能和知识水平，并允许他们以自己的节奏学习，以能力为导向的学习可以为学习者们提供更好的机会来满足他们个人的学习和发展需求，并以更高的效率和生产率来尽可能缩小彼此间差距。

- 无论采取何种培训技术——多媒体课件、教师主导的课堂教学或体验式学习，在正确的时间选择正确的培训都能让学习者们获益颇多。确定适合某一学生的最佳培训模式须考虑三件事情：知识、能力和技能。当前的能力水平（他们拥有哪些技能？）与现阶段的组织或项目组合/项目集/项目经验（工作所需的知识、能力和技能）相关。

- 了解可用于学习、发展和培训的系统、工具、技术和方法（例如，操作和浏览技术平台的能力；访问互联网学习在线课程的能力）。

- 个人学习风格（例如，对课堂培训、在线培训或自主学习的偏好）。

对于特定的知识和能力水平，没有所谓的最佳学习技巧或形式；它取决于学生和学习的领域。在选择发展需求时，学习形式（无论是自主学习、课堂学习，还是其他）应排在最能满足学习目标的工具之后。

表 6-1 提供了根据角色和经验开展能力发展活动的示例。一旦制订了发展计划，项目组合、项目集或项目经理就能够采用各种经验和学习技术，以实现总体目标。

获得项目组合、项目集和项目管理认证是知识能力和经验的体现。而且，获得认证的学习过程本身也是一个体现和提升项目组合、项目集和项目管理能力的绝佳机会。

认证准备的影响是双重的：

- 获取新知识，并拓展项目组合、项目集或项目管理现有知识的广度和深度；

- 通过总结自己的经验并将其与标准框架、过程和工具进行比较，来加深对项目组合、项目集和项目管理的理解。

基于新的理解，第二个影响方面可能导致在日常工作中行为的改变或采取纠正措施。

虽然大多数认证准备课程的重点是与认证考试最相关的知识和策略，但备考课程通常不是项目组合、项目集或项目管理基础知识培训的最佳方式。对于新的过程、工具，或者其他项目组合、项目集和项目管理主题的培训与实施亦是如此。

表 6-1　通用能力发展活动的结构示例

活动	角色和经验				
	经验不足的项目经理	项目经理	经验丰富的项目经理	项目集经理	项目组合经理
项目管理技能	通过教育和经验建立扎实的项目管理技能基准。 找导师来辅导关键的技能发展领域	通过教育和经验提高项目管理技能，加强互动，掌握本部门的知识	通过教育和经验发展高级项目管理技能，从而支持复杂项目的运作	通过教育和经验发展具体项目集的操作技能，实现高效的效益管理和规模经济	发展具体项目组合的操作技能、跨业务流程的理解，以及战略层面的企业管理
项目管理知识和教育	自主学习基础知识（如网络培训）。 参加培训和会议。 建立项目管理网络	通过课堂教学或混合式学习来理解应用型概念。 发展和/或改善项目管理方法论和工具。 协助编写建议书	采用模拟、角色扮演或游戏的形式进行抽象知识的学习。 参加领导力培训	参加项目集管理培训、领导力培训等高级培训	参加项目组合管理培训、领导力培训等高级培训
项目管理经验	在职培训。 实践方法模拟。 阅读同行评审类项目管理文献。 网络学习。 利用（在线）社区	在另一个项目获得短期职位，加深行业知识	工作跟随或在复杂的项目中担任实习生。 与管理层/最高层管理人员进行信息交换	工作跟随或担任实习生，以获得项目集管理经验	工作跟随或担任实习生，以获得项目组合管理经验
证明知识能力的证书	获得项目管理认证助理师（CAPM®）证书或专业认证（如进度管理）	获得项目管理专业人士资格认证（PMP®）		获得项目集管理专业人士资格认证（PgMP®）	获得项目组合管理专业人士资格认证（PfMP®）

在准备认证之前，项目组合、项目集和项目经理应对所需认证的主题和级别有较为完备的知识和经验。通过整合新知识和总结自己的经验，以实现备考效果的最大化。

因此，认证及相关准备工作非常有益于项目组合、项目集和项目经理的能力发展。但是，它们无法取代项目组合、项目集和项目管理各个领域的入门培训、变更活动及扎实的经验。

6.3.3　定义发展目标和能力发展计划

在制订个人能力发展计划的过程中，评估人应与项目组合、项目集和项目经理合作以确定相关事项，如项目经理能力发展框架的参考内容、学习活动要解决的已识别差距、关键绩效指标（KPI）、成功标准和/或目标日期，以解决差距并达到要实现的水平。

能力发展计划紧随能力评估，并列出将要开展的活动。图 6-5 是一个能力发展计划的示例，其中每行代表学习的一个环节，阐明项目组合、项目集和项目经理缩小差距的路径，以及要达到的预期水平。当将计划中的所有条目进行合并时，它们代表了达到预期能力水平所需的活动。

该计划应包括具体发展领域的相关活动和发挥个人优势的方法，还包括基于关键绩效指标和成功标准的实际活动、时间、成本和指标。发展计划应侧重于关键活动，并优先开展那些能够对项目组合、项目集和项目经理的能力及时产生有效影响的活动。

虽然计划仍然是个人层面的，但大多数学习和发展计划将会有一个组织内的发起人。发起人可能是个人的直接主管或导师。主动让经理、发起人或导师对计划进行监督将能确保职业发展获得支持。个人应掌握自己学习和发展需求的主动权。

行号	标签（被称为）	《PMCD框架》中的参考项	所需的学习结果（或行为）	学习活动的方式	目标日期	评估者姓名	提升前的状况	提升后要达到的水平
[···]								
21	影响行为	个人（第 2.5.1 节）	不断审查可能需要说服能力的地方，以及最有可能取得成功的方法	导师形式/教练形式	2016 年 12 月	亚瑟·怀特	低于期望 2015 年 6 月 16 日	超出期望 2016 年 12 月 5 日
22	定义项目范围所需的详细程度	绩效（第 2.1.1 节）	提升使用 WBS 来分解项目范围的能力	有关使用 WBS 的培训课程	2015 年 10 月	N/A	低于期望 2015 年 6 月 16 日	符合期望 2015 年 10 月
[···]								

图 6-5　能力发展计划的示例

6.4 第 4 步——实施能力发展计划

当项目组合、项目集或项目经理和评估者就能力发展计划达成一致后，就可以开始进入计划的实施阶段了。

有关输入、工具与技术和输出的列表，请见图 6-6。

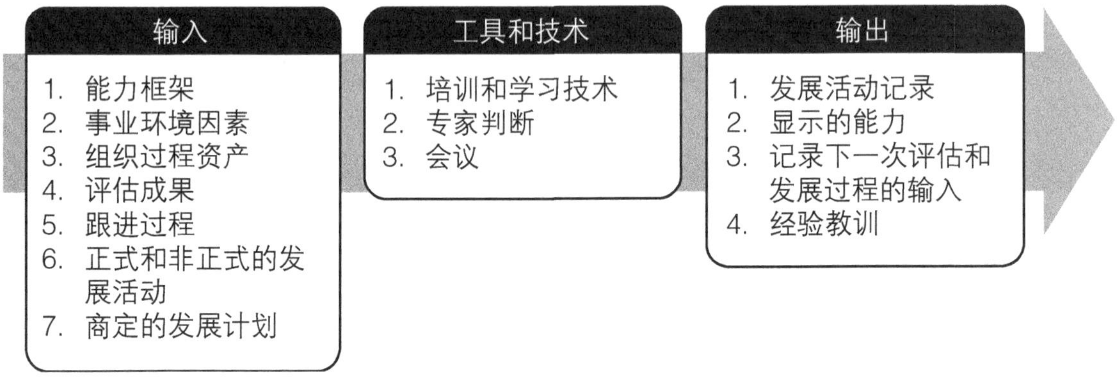

图 6-6 实施能力发展计划：输入、工具与技术和输出

6.4.1 完成计划的活动

项目组合、项目集或项目经理是能力发展计划的负责人，并对交付结果负责。这些计划像其他项目一样被执行。

组织需要参与能力发展计划的制订和支持，但个人有责任确保计划得到遵守、执行、更新或修订（视情况而定），并确保实现效益。计划的结果可以有助于个人提高绩效并获得职业发展。

6.4.2 监督计划的执行情况

一旦有了商定的框架，就应该开始监督计划。能力发展计划的执行可能产生与之相关的费用，因此计划需要得到批准并获得预算。

在对计划进行监督的过程中，还要留意计划是否仍旧具备实际指导意义。关于项目组合、项目集或项目经理的情况和背景可能改变；当前的项目组合、项目集或项目可能需要不同类型的支持、知识、能力和技能；新的优势可能呈现出来。计划中的某个活动可能无法再产生期望的结果，可能需要重新确定整改行动来提升特定的发展领域。

能力发展计划应该由发起人定期进行监督。对于计划中的每个里程碑，都应该有可衡量的结果，例如，可能包括：

- 来自培训和课程的形成性的、总结性的评估（正式或非正式）。
- 相关方的反馈。
- 向相关方汇报。
- 交付的项目成果。
- 指导或辅导的活动。
- 与同行进行的专业交流。
- KPI 关键绩效指标/达到成功的标准。
- 达到的关键里程碑。

通过收集与结果相关的数据，可以判断改进过程的具体进展。当完成了一个活动，或者交付了一个结果时，就应该根据计划进行汇报，并且和相关方进行沟通。项目组合、项目集或项目经理应该定期对计划进行非正式评估，至少每月一次。正式的审查应该在关键里程碑、阶段或项目完成后进行，届时应该请经理、发起人或导师一起参与审查过程。很多组织都把这类审查作为绩效管理流程的主要组成部分。

6.4.3　对计划提供支持

成功完成能力发展计划取决于个人的热情、遵守承诺，以及包括同理心、激励和所提供支持在内的鼓舞因素。在一个组织内，这种支持通常直接来自个人的直线经理和资深同行们。这种支持需要正式和非正式的参与，以及关系的培养。参与需要对计划的理解，包括计划的原因（差距分析）、现状、时间、地点、推广方式及支持需求。项目组合、项目集或项目经理的角色是将计划介绍给期望获得支持的人员，解释预期价值和效益，并确保相关方能及时了解最新的信息。

6.4.4　对计划的执行情况进行评估

在计划的执行过程中不断对计划的进展进行评估，包括正式和非正式的评估。当计划的行动完成后，项目组合、项目集或项目经理应该能够证明所确定的发展需求已得到满足。现在是时候让个人对其绩效进行反思，并衡量他们现有的差距，然后逐步确定下一个能力发展计划（以进一步学习和发展）。

对于每个付诸实施的计划，都需要对其实施结果进行正式评估，从而确定是否真正取得了期望的结果。在评估时需要关注的问题包括：

- 能力发展计划是否合适，易于参与且易于遵守？
- 能力发展计划是否交付了所需的结果？
- 完成能力发展计划后，日常工作的绩效是否有所改善？
- 个人的能力水平是否存在其他差距？
- 是否对项目组合、项目集和项目经理及计划有足够的支持、参与和赞助？
- 哪些运作良好，哪些运作不好？
- 是否有可以提供更好结果的活动？
- 其他人现在能使用相同的计划吗？

6.5 小结

本书前几章定义的绩效和个人能力，以及 PMI 基本标准中的知识能力，这些都被认为是合格项目组合、项目集或项目经理所必需的。本章显示，每个组织通常需要定制框架及评估，可能使用本文定义的部分能力，添加重要的其他能力维度到其特定的内部环境和外部环境中，并将其与组织的文化和其他个人或组织的标准、条件和约束条件相结合。

本章建议了一个持续的迭代过程，来发展项目组合、项目集或项目经理的能力，在该过程中，审查需求，评估能力，计划发展，执行能力发展计划，并重复该过程。

能力发展计划的每次迭代都应该被看作个体的自我发展项目，并扩展到组织成熟度水平。项目组合、项目集或项目经理拥有该计划，被授权并对可交付成果负责。正如任何其他项目将被执行一样，能力发展计划也需要实施。成功完成能力发展计划取决于项目组合、项目集或项目经理持续的热情及积极性，也取决于高级项目经理和同行们提供的支持。

本书旨在为个人和组织提供有关如何评估、计划、执行和管理项目组合、项目集或项目经理的专业发展的指导。本书提供了一个结构化的方法，以指导个人和整个组织持续进行能力发展。

第 7 章

在组织中运用《PMCD 框架》

7

7.1　概述

本章探讨了促进《PMCD 框架》成功实施和运用所需满足的关键因素和一些示例。《PMCD 框架》可以用来确保组织的项目组合、项目集和项目管理能力与其业务需求保持一致。可能存在一些特定的考量因素和能力被认为比其他因素和能力更重要。这一优先级排序，以及组织特有的能力都不应被忽视。这里应该参考 PMI 人才三角 ™（Talent Triangle ™），根据 PMI 人才三角，项目管理协会出版的 *Pulse of the Profession® In-Depth Report: Talent Management* 指出，除技术项目管理外，领导力、战略和商务管理技能都可提高成功率（见图 7-1）。发展这些领域的能力是决定项目经理成就高低的一个重要因素。在 *Pulse of the Profession® Report on Navigating Complexity* [13]中，有 75%的组织认为随着复杂性的不断增长，领导力将成为最重要的方面或能力。绩效能力涵盖技术项目管理，本质上是在《PMBOK® 指南》核心知识领域中的应用。虽然个人能力的应用与 PMI 人才三角 ™ 中的领导力关系更为密切，但是要为组织带来积极的商业成果，项目组合、项目集和项目经理还需要具备与特定技能、经验和能力相关的商务和战略知识及专业知识。

第 6 章详细阐述了从获取能力需求到开展评估，再到编制和实施发展计划的相关过程。然而，只有当组织有此意愿，同时拥有合适的环境支持，才能成功。组织需要确保尽可能优化其项目组合、项目集和项目管理能力来满足目前进行的项目集和项目的要求。这可能增加组织的特需能力。如前所述，这些能力可被视作个人能力的补充。

能力框架的实施会给组织带来诸多好处，这些好处包括但不限于：

- 活跃的项目组合、项目集和项目管理社区；
- 个人了解各自的发展需求；

- 组建项目组合、项目集和项目经理社区，可以更好地为组织提供最大价值并满足业务需要；
- 组织能够更好地吸引和留住最优秀的人才；
- 个人能够抓住与其能力和发展需要相称的最合适的机会。

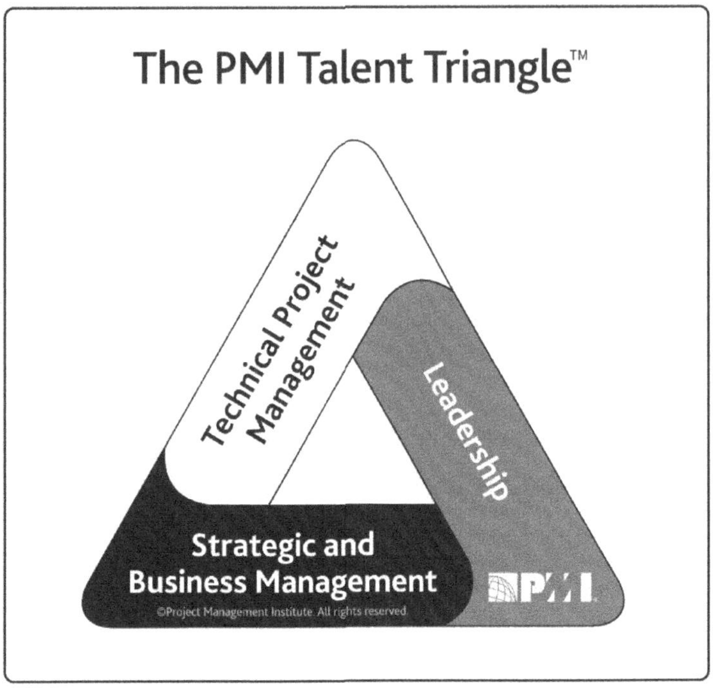

图 7-1　PMI 人才三角 ™

最后，能力框架还有助于确保将核心项目组合、项目集和项目管理知识能以最有效的方式付诸实践。

7.2 《PMCD 框架》的应用

能力框架被设计用于任何规模的组织，在这些组织中，项目组合、项目集、项目管理的学科对其业务和运营的成功至关重要。然而，组织需要首先理解并认识到有许多因素需要考虑。

7.3　评估部署的准备情况

组织需要理解和明白项目管理（包括项目组合、项目集管理）能力的重要性。组织需要编制合适的项目组合、项目集、项目的岗位编码和职位序列，再配上岗位说明书以及各个职级之间的划分标准。此项工作应与现行的人力资源程序保持一致，并符合与晋升和绩效考核相关的现有人力资源程序。

一旦编制了项目组合、项目集和项目管理的职位序列或同等岗位类别，应根据业务需求来匹配如下职位序列：

- 初级项目经理。
- 项目经理。
- 资深项目经理。
- 项目集经理。
- 项目组合经理。

这些职位可以再进一步细分。例如，项目集和项目组合经理可分为初级和资深级别。在职位序列中的每个职级都应包括相关要素的详细说明，如表 7-1 所示。

表 7-1　项目、项目集和项目组合经理职级的详细说明

要素	描　述
职责	该职位须承担的具体关键性任务
经验	使用从以往项目、项目集和项目组合管理中取得的成绩来衡量。描述内容应包括所取得的效益和实现的价值以及管理的复杂性
知识	可能包括对过程、方法和程序的理解，包括本组织特有的及通用的项目管理规范
技能	这些应通过已记录的、见证的积极交付成果和结果的证据加以证明
教育	应包括正式的资质和教育证书、相应的项目管理协会认证证书，以及其他相关行业和领域的资格认证证书
能力	分为个人能力和绩效能力，详见本书的第 3、4、5 章

7.4　绩效考核

大多数组织都有对个人绩效进行评估并提供反馈的流程。它有可能与晋升和/或薪酬审查流程挂钩。在任何一种情况下，参与这些流程的人力资源部门都需要认可这一能力框架。组织需要确保其考核流程与能力框架保持一致，不会产生冲突。即使不属于项目组合、项目集或项目岗位，来自其他业务领域的人员也需要意识到并了解能力框架的重要性。这在寻求与组织的考核周期和流程有关的绩效反馈时尤其重要。所寻求和获取的反馈应该有助于提供与积极能力证据相关的信息（见第 6 章）。

7.5 晋升流程

大多数组织都有一种或多种晋升流程。晋升流程需要与岗位角色和岗位级别所规定的要求同步。因此，所有现有流程都需要根据在第 6.1.2 节中所述的职责、经验、知识、技能和教育水平进行审查和修订。在晋升被批准之前，应先收集显示这些能力的证据。

7.6 招聘

尽可能将能力评估纳入招聘流程。但是，这取决于组织所采用的面试流程。值得注意的是，除查阅外，无法直接对所提供的证据进行验证。然而，对于某些特定场景来说，可以通过角色扮演活动进行部分能力评估。这可以通过亲眼所见的行为和决策来完成，并作为一门实用的技术以对招聘和甄选流程进行补充并提供相关信息。

7.7 实施

在组织决定采用这一项目组合、项目集和项目管理能力框架后，许多因素需要被优先考虑。这些因素可能因组织的不同而不同。在第 7.7.1~7.7.10 节中，论述了其中十个最为关键的成功因素。

7.7.1 资助

在组织内部，获得高层的支持、资助和承诺至关重要。此外，要详细说明采用能力框架的好处，因为它与组织的战略相关。在所需的组织变更的数量尚未确定之前，可能需要准备一个支持性商业认证。

7.7.2 国家和政治因素

与全球性组织的情况类似，一些员工很可能居住在那些受工作委员会、工会以及其他地方性和/或区域性法律法规约束的国家。在这种情况下，需要进行适当的咨询，并在必要时考虑当地的情况。

7.7.3 沟通和意识

在没有建立能力框架，或者需要进行重大变革的组织中，开展宣传认知的活动来推广和提升内部认知至关重要。高级管理层需要明白这个能力框架的价值和重要性，并且接受这一观念。

7.7.4 成熟度评估

建议对当前的人力资源和组织流程的成熟度进行评估，然后进行差距分析。此时，应参考项目管理协会的《组织级项目管理成熟度模型（OPM3®）》和《组织级项目管理实践指南》。若存在显著差距，应在采用能力框架之前考虑或解决这些差距。本能力框架可能被运用于规模较小或成熟度较低的组织，对于这些组织而言，它们可能无法全盘接受这一能力框架，或者根本不适合采用这一能力框架。

7.7.5 导师制和教练制

导师制和教练制的形式多样，组织应该鼓励和支持各种形式的导师制和教练制。个人能够选择或被分配到合适的导师，并有时间接受导师指导。

7.7.6 培训和发展

大多数组织都拥有针对培训和发展的战略及方法。这需要重新审视并与《PMCD 框架》保持一致。任何发展计划都需要适应除知识外的能力发展和成长。项目、项目集和项目组合管理的许多能力对其他职位序列或职业也非常重要。因此，组织需要将整个能力发展框架与其他学科现有的培训及发展机制整合起来。此外，诸如基于角色的培训课程这类工具十分有助于指导个人选择最适合其当前需求的培训，并助力其实现职业抱负。

7.7.7 反思日志

尽管他人的意见对于识别差距和发展需求十分重要，但个人需要全权掌控自己的职业发展和个人成长。其中一种做法是，由个人来记录和跟踪自己的发展进度。这可以通过多种方式实现，其中一个主要方式是利用反思日志。在反思日志中，个人对其选择或认同的发展或补救措施进行注释，并记录自己的改变所带来的影响和价值。

7.7.8 文化

对于大型的跨国公司而言，不应低估文化因素的重要性。实现能力发展和个人成长的路径会因国家和文化的不同而不同。在考虑部署能力框架时，应了解所有的文化敏感性，并给予其适当的体谅。

7.7.9 关键绩效指标

组织应考虑设定一系列关键绩效指标，以确保组织和单个团队具备管理和交付包含项目集和项目的项目组合的基本能力。

7.7.10 持续改进

那些项目交付记录优异的组织通常采取人才发展的方式来投资项目管理社区。我们建议，组织应该创建或制定一套以持续改进的思维模式为基础的战略。

7.8 试点关键成功因素

一旦组织中的各个部门一致恪守第 7.7.1~7.7.10 节中的关键成功因素，成功实施项目的可能性就会增加。对于大型组织而言，可能值得考虑的是，先在次级组织或国家试点这种方法，以此来发现和解决组织特有的问题。

我们建议，由组织来确定哪些能力对项目组合、项目集和项目管理的相关业务至关重要。一旦这项工作完成，组织应该在每年重新审视这一流程，以确保任何业务需求的变更都能体现在所需的核心能力上。能力发展应该被视为一项持续的活动，而不仅在每年或者在组织进行绩效评估时才会被关注。能力发展可以通过前文提到的反思日志加以实现，也可以采用角色扮演和跟随法等技术来完成。此外，应通过寻求建设性反馈，来持续评价和评估那些由能力的实际运用而获得的证据。

7.9 应用示例

本节将展示如何应用能力框架。不过，这些仅是一些示例，并不具有规范性。组织应优先考虑那些对本组织特别重要的能力，并对其进行相应的映射。

7.9.1 将项目管理能力映射到组织职位

表 7-2 显示了如何将角色具体映射到组织的岗位编码及职级。然而，一些组织采用了不同的岗位编码结构。所以，项目管理的岗位编码可能因所管理的项目类型或领域的不同而不同。

表 7-2　将能力映射到组织角色的示例

《PMCD 框架》中的参考项	组织岗位编码	组织描述	组织岗位职级
项目经理	1005	初级项目经理	1~2
项目经理	1006	项目经理	3~4
项目经理	1007	资深项目经理	5~6
项目集经理	2001	交付经理	6~7
项目组合经理	3001	服务总经理	6~8

7.9.2　《PMCD 框架》编码对组织工作代码的映射

图 7-2 显示了 IT 软件开发业务部门的初级项目经理的职位名称。该示例说明了一些可能需要的个人能力、熟练程度，以及它们对该职位的重要性。

特定能力所需的熟练程度基于第 2.3.3 节所列的示例。组织需要从业务角度，以及委托或代表客户进行管理的项目类型出发，认真考量每种能力的重要性。并非所有能力都同等重要，这还取决于各自项目管理职位序列中的职级，在许多情况下，这与项目的复杂度保持一致。

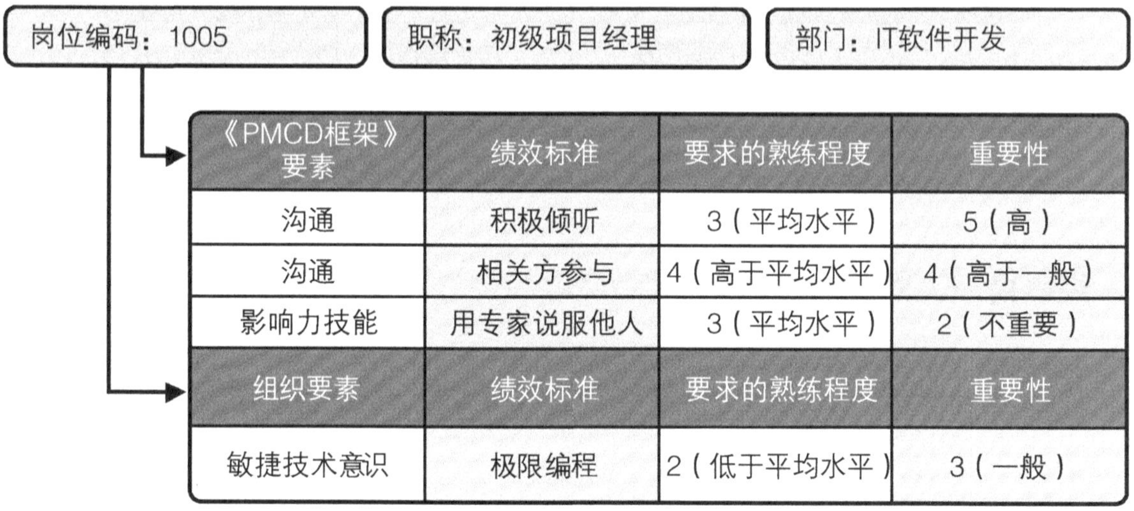

图 7-2　将《PMCD 框架》编码映射到组织岗位编码的示例

该职位可能还需要一些其他非标准化的能力。在图 7-2 的示例中，对极限编程技术有一定程度的了解是受欢迎的，但对于初级项目经理而言不是必要的。这对于识别和确保项目经理具备与其职位相称的能力水平是有价值的，而且可用作招聘的辅助工具。然而，这些仅仅是如何映射的示例，希望该映射能够得到进一步扩展，最终涵盖第 7.9.1 节中详述的要素。

7.9.3 将项目管理能力映射到组织培训和发展

一旦明确了能力差距和发展需求，组织应确保其拥有一套解决这些问题的机制。在第 6 章中，我们对可能存在的能力差距和发展需求进行了详述。值得注意的是，许多组织并未考虑将正式的培训作为弥补能力不足的首要或最佳方法。在多数情况下，导师制、教练制、角色扮演、跟随法和在职培训都是备受推崇的培训和发展活动。然而，当培训被认为是必要的或被视为解决方案时，它必须与能力相适应及匹配。

图 7-3 显示了如何将课程映射到项目经理的能力上，如第 3 章所述。在本示例中，该培训课程具有 2 个相关的《PMCD 框架》能力可以映射。当个人试图满足其自身发展需求时，这种映射是必要的。

培训代码：	PM007
描述：	项目领导力与管理培训
受众：	项目经理
传授方式：	讲师带领学习

能力类型	能力	要素	熟练程度
个人	领导力	关系建设	3
个人	领导力	影响力技巧	3

图 7-3 将能力映射到培训和发展需求的示例

7.9.4 组织内个人对能力的映射

在组织内部，个人通常会根据能力标准对自身进行评估。这有助于项目组合、项目集和项目经理进行自我评估，以根据他们的职位要求来决定需要发展哪些能力。

表 7-3 是表 7-1 的变形，可以在表 7-1 的基础上增加一列“自我评估”。这项评估仅代表个人观点；然而，应该认识到，一个人并不总是知道他们不知道什么，或者别人如何理解他们。

表 7-3　组织内个人对能力的映射

《PMCD 框架》要素	绩效标准	要求的熟练程度	重要性	自我评估
沟通	积极倾听	3（平均水平）	5（高）	3
沟通	相关方参与	4（高于平均水平）	4（高于一般）	5
影响力技能	用专家说服他人	3（平均水平）	2（不重要）	2

7.9.5　获取反馈以评估能力

除自我评估以外，建议获取更多的反馈和意见。这些反馈和意见可以来自组织现有的绩效考核流程，也可以来自某项单独的活动，在理想情况下，应包括来自经理、同行和同事的反馈。在任何特定领域，都要将个人能力的自我评估与其经理和其他人的评估进行比较。

评估包含了《PMCD 框架》中的多项能力，或者在某些情况下包括全部能力。表 7-4 显示了一位经理和两位同事的评估结果。平均分基于三个人的评估分和个人自己的评估分计算得出。在这个示例中，个人能力与职位要求的熟练程度相匹配。

表 7-4　评估能力的反馈示例

绩效标准	要求的熟练程度	重要性	自我评估等级	经理评估	同事 1 评估	同事 2 评估	平均值
积极倾听	3（平均水平）	5（高）	3	4	3	3	3
相关方参与	4（高于平均水平）	4（高于一般）	5	3	4	4	4
用专家说服他人	3（平均水平）	2（不重要）	2	2	3	4	3

7.9.6　整理组织内的能力评级

能力评级为组织提供了必要的数据，有助于确保为个人分配到对其本人和组织来说都最为合适的机会（见表 7-5）。这可能有助于满足个人的特定发展需求，或者识别个人拥有的特殊技能或能力，以在具体项目或职位中发挥作用。

表 7-5 员工能力评级示例

员工 ID	姓　名	匹配或超出能力平均值
00001	Adams、John	12
00183	Williams、Jane	8
00232	Lebowski、Ron	7

7.10 小结

本章中的指南不是规范性的，而是对在组织内和跨组织实施《PMCD 框架》时应考虑的一些阶段和活动提供概述。在充分考虑准备就绪评估和关键成功因素后，《PMCD 框架》的价值和效益将会得到提升。项目管理协会的 *Pulse of the Profession® In-Depth Report: Talent Management* 指出，那些将人才管理方法与组织战略保持一致的组织更有可能在实施职业发展路径、员工发展、有效招聘和为个人分配最恰当的职位方面获得成功。

附录 X1　第 3 版的变更

X1.1　关于本附录

《PMCD 框架》(第 3 版)进行了一些重大变更，以至于本书不能与以前的版本进行对比。本附录的目的是，列出本书的变更及更新的目标，以使本书的历史记录和适用性都一目了然。

《PMCD 框架》的第 2 版和第 3 版之间的根本变更是，在项目管理专业横向扩展了更多的角色，包括项目集经理和项目组合经理。在扩展的同时，修订委员会对第 2 版中阐述的能力增加了大量的深度和广度。

本书的结构也做了修改，以便读者能更好地理解能力评估和发展的概念，同时将实际能力单元合并到本书的附录中，并整合为更易用、更独立的表格。

X1.2　目标

具体而言，修订委员会的目标包括以下内容：

- **扩展《PMCD 框架》以包括项目组合经理和项目集经理。**为了实现这个目标，委员会大量采用了项目组合和项目集标准，并根据这些标准的结构制定了相应的能力。在增加这些新章节的过程中，委员会参考了《PMCD 框架》(第 2 版)，旨在为项目组合经理和项目集经理创建一个类似现有项目经理框架的能力框架。委员会认为这将达成两个主要目的：(1) 该框架会更具可用性，因为格式是相同的，无论针对的是项目组合经理、项目集经理还是项目经理，都允许读者以相似的形式来评估和发展能力。(2) 涵盖所有三个角色的总体框架将更加精简，因为委员会复制了能力单元，在适当的情况下，允许跨多个角色进行对比和重复使用。

- **保持所有 PMI 标准之间的一致性。**与第 2 版一样，委员会与现有标准的委员会密切合作，以确保《PMCD 框架》与相关标准之间的一致性。这项工作包括审查当前版本的标准，以及与正在修订其他标准 [如《PMBOK®指南》(第六版)] 的委员会进行合作。

- **为从业者提供一套可用的工具集。**《PMCD 框架》旨在成为一套工具，以帮助专业人员评估和发展项目管理从业人员的能力。委员会从第 2 版开始，重新整理了《PMCD 框架》，以便从业人员能够针对《PMCD 框架》所涵盖的各种经理角色，评估并发展其能力。

X1.3 方法

第 2 版的《PMCD 框架》与第 1 版有很大的不同。根据 PMI 发布的项目章程指南，本书按照《PMP®考试大纲》进行了重新组织。该团队还借此机会扩展了本书范围，涵盖了项目经理的三个不同级别。本书的初稿包括评估和发展项目协调员、项目经理和高级项目经理的框架。虽然这扩大了项目章程的范围，但团队内部认为本书将给行业带来更大的价值。

PMI 将团队的注意力转移到项目经理身上，把其他级别经理的能力发展留给未来的项目。《PMCD 框架》的项目章程得到加强，重建了核心团队以推动对章程的遵守。虽然第 2 版的《PMCD 框架》最终草案符合项目章程，并可以满足项目经理增长知识和经验的需求，从而通过 PMP®考试。但是团队依然强烈地认为，有必要扩展框架，使其既包含低于 PMP®认证项目经理水平的人员，也包含高于 PMP®认证项目经理水平的人员，并为项目组合经理和项目集经理增加一个能力框架。委员会认为，作为项目工作人员的发展路径，这一增加的覆盖范围将有利于各组织。

为了解决第 2 版项目委员会提出的问题（解决多种角色的问题），成立了第 3 版委员会以更新和扩展《PMCD 框架》。8 名核心团队成员招募了大约 20 名志愿者担任子团队成员。根据修订后的本书大纲，每个核心团队成员被分配了一章或两章。这些章节旨在延伸和扩展发展框架的概念，该框架覆盖了项目组合经理、项目集经理和项目经理，同时提供了比前两个版本更详细的能力定义。

主题专家和顾问小组成员（MAG）负责评审本书扩展内容的重点部分，为最终敲定《PMCD 框架》的完善版本做了大量增值工作。

最后，第 3 版通过一个为项目组合、项目集和项目经理发展能力的框架，覆盖了项目管理社区的广泛领域。

X1.4　变更

在保留第 2 版核心内容的同时，本书增加了几章，以适应扩展的范围（项目组合和项目集经理），并描述了扩展部分的能力结构。

- **第一章**。几乎没有改变，仅增加适应新范围的部分。
- **第二章**。第 3 版细化了能力的定义。因此，能力本身的结构得以扩展。这些变更包含在本章中。本章还介绍了项目组合、项目集和项目经理之间的关系。虽然有些能力是相同的或类似的，但它们可能根据项目组合、项目集和项目经理角色的不同需求而以不同的方式加以应用。
- **第三章。**本章专门描述了在《PMCD 框架》中项目经理的角色。相关的能力可在附录 X3 和附录 X4 中找到。
- **第四章**。全新的一章，专门描述项目集经理的角色。本章的结构和相关的能力参照第三章和项目经理角色。
- **第五章**。全新的一章，专门描述项目组合经理的角色，参照第三章和第四章。
- **第六章**。本章涵盖了第 2 版中提到的差距，并为项目经理的职业生涯提供了一个发展框架。随着项目组合和项目集经理角色的加入，本章被添加到第 3 版中，以帮助从业人员进行能力发展。
- **第七章。**为了扩展《PMCD 框架》在组织中的可用性和适用性，增加了本章以提供如何应用能力发展框架的指导，包括与组织现有的培训和监督网络相结合。

附录 X2 《PMCD 框架》(第 3 版) 的贡献者

本附录按字母顺序列出了为《项目经理能力发展框架》(第 3 版)的编纂和出版做出贡献的人员。项目管理协会对所有人员的支持满怀感激之情，并且衷心感谢他们为项目管理事业所做的贡献。

X2.1 《PMCD 框架》(第 3 版) 核心委员会

Michael Yinger, 主席
Dave Gunner, MSc, PMP, PfMP, 副主席
Emad E. Aziz, PfMP, PgMP, PMP
Connie F. Figley, PMP, LEED AP
Ivo Gerber, PMP, PMI-SP, PgMP
Tobias Kindler, PMP
Gary J. Sikma, PMP, CSM
Langeswaran Supramaniam, PMP
M. Elaine Lazar, MA, MA, AStd, 项目专家

X2.2 《PMCD 框架》(第 3 版) 小组委员会

内容由小组委员会制定，每个小组委员会由一名核心委员会成员领导。以下是本书的重要贡献者。

Shantanu Bhamare, MBA, PMP, LIMC
Algin Erozan, PMP, CISA, ITIL, SCRUM MASTER
Joseph Griffin, PMP
Darryl Kielec, PEng, PMP, PMI-PBA
Olivier Lazar, MSc, MBA, PMP, PgMP, PfMP
Alden P. K. Lee, BE, MBA, PMP
Joshua Lerner, PMP, CSM, GWCPM

Lorian Lipton, PMP, SCPM, GWPM
Jim Marion, PhD, PMP
Enock Fanyana Mchiza, MBA
M. Aslam Mirza, MBA, CEngr, LMG, PMP
Mary Miller-Furesh
Daud Nasir, PMP, LSSBB
Lambert Ofoegbu, PMP, PMI-RMP, OPM3 Certified Professional
Tracey Richardson, PhD, PMP, PMI-RMP
Bryan R. Shelby, PMP, PgMP, PfMP

X2.3 主题专家评审员

《PMCD 框架》（第 3 版）是通过协商一致的流程实施的，其中包括两项独立的主题专家（SME）审校。如果没有 PMI 社区的这一重大贡献，更新后的框架将无法反映公众的意见，对于他们的付出、他们知识的贡献，以及他们对任务的细心，核心委员会感激不尽。

这些评审员是：

Shyamprakash K. Agrawal, PMP, PgMP
Ali Bayati, PhD, PMP
Praveen Kumar Bojja, MBA, PMP
Chris Cartwright
Bruce Chadbourne, PgMP
Wanda L. Curlee, DM, PMP, PgMP, PfMP, PMI-RMP
Victor Noguera Durán, MBA, PMP
Mehdi Ebrahimi
Ingrid Janssen Emami, PMP
Algin Erozan, PMP, CISA
Iain Fraser, Dip PPC, PMP, PMI Fellow, Fellow PMINZ
Mehdi. A. Gharabaghi
Akram Hassan, OPM3, PMP
Daniel Hendling, PMP
Rick Holmes
Keiichiro Kaneko, JP, PMP, PE
Sun Kim, PMP, MBA
Igor Kokcharov, PMP, PhD
Lizzie P. Lee, PMP, PMI-SP
Ginger Levin, PhD, PMP, PgMP, OPM3
Etsuko Mizui, PMP
Astrid Mueller-Wenzke
Lily Murariu, MEng, MPM, DBA (candidate)
Johan Olivier, PMP, PrEng
Kypros Stylianou Pissas, PMP, CSM
D. John Peter, PMP
John H. Platt II, PE, PMP
Barbara Porter, MBA, PMP
David W. Power, PfMP, PMI-RMP
Jose Mari H. Rubi-Cruz, PMP, PBA
Guy Schleffer, PgMP, PfMP
Koji Shiota, PgMP, PMP
Shekhar Singh, PMP
Nader Soliman, MBA, PMP
Anna Starynska
Michael J. Stratton, PhD, PMP
Neil Turner, PhD
Toshiyuki Watanabe, PE, JP, PMP
Anton Zandhuis

X2.4　PMI 项目管理标准项目集成员顾问小组

PMI 标准项目集成员顾问小组（SMAG）在标准经理的领导下工作。我们真诚地感谢他们在整个开发过程中提供了令人信服和有益的指导。

在委员会的工作过程中，PMI 社区的下列杰出成员在 SMAG 中表现突出：

Monique Aubry
Maria Cristina Barbero, MBA, PMP, PMI-ACP, CSM
Margareth Carneiro, MBA, MSc, PMP
Cyndi Snyder Dionisio, PMP
Larry M. Goldsmith, PMP
Brian Grafsgaard, CSM, PMP, PgMP, PfMP
Hagit Landman, MBA, PMP, PMI-SP
Yvan Petit, PhD, MEng, MBA, PMP, PfMP
Paul E. Shaltry, PMP
Chris Stevens, PhD
Dave Violette, MPM, PMP
John Zlockie, MBA, PMP, Standards Manager

X2.5　制作人员

特别感谢以下 PMI 工作人员的付出：

Donn Greenberg, Manager，出版经理
Roberta Storer，产品编辑
Barbara Walsh，出版策划

X2.6　《PMCD 框架》（第 3 版）中文版翻译人员

以下人员担任了《项目经理能力发展框架》（第 3 版）中文版的翻译工作：

赵弘，PMP，PMI-ACP，CPIM，CSM，MSc

附录 X3　项目经理

X3.1　项目经理绩效能力单元

X3.1.1　项目整合管理

项目整合管理包括对隶属于项目管理过程组的各种过程和项目管理活动进行识别、定义、组合、统一和协调的各个过程和活动。

本单元的要素包括：

- 制订项目章程；
- 制订项目管理计划；
- 指导和管理项目工作；
- 监控项目工作；
- 实施整体变更控制；
- 关闭项目或阶段。

表 X3-1 项目整合管理——项目经理绩效能力

要素：制订项目章程			要求的指示性技能水平：3
绩效标准	**期　望**	**证据来源**	**示　例**
完成项目章程的相关部分	指导和管理项目章程相关部分的制订	已完成或制订中的项目章程	项目章程或其部分包含实质性内容。根据组织的期望和项目的复杂度，章程包括下列所有或部分内容： • 目的或理由； • 可测量的项目目标或成功标准； • 需求； • 假设条件和制约因素； • 项目描述和边界； • 风险； • 里程碑进度计划； • 预算； • 相关方名单； • 审批的要求； • 指定的项目经理及其职责和职权； • 指定的项目发起人及其职权级别
获得批准以继续进行	• 与高层管理者或项目发起人合作以获得批准继续进行； • 发展关系以促进审批流程； • 使用项目章程作为基础，解决与项目资源分配相关的任何权限冲突	已签署的项目章程	项目章程或其部分包含实质性内容。章程包括上述内容，根据组织期望和项目复杂度，由项目经理、高层管理者和/或发起人批准
要素：制订项目管理计划			**要求的指示性技能水平：3**
绩效标准	**期　望**	**证据来源**	**示　例**
制订子计划	指导和管理子计划的制订	完成的子计划	已完成的子计划包含实质性内容。根据组织的期望和项目的复杂度，制订的计划包括下列所有或部分内容： • 沟通管理； • 成本管理/成本基准； • 人力资源管理； • 采购管理； • 质量管理； • 需求管理； • 风险管理； • 进度管理/进度基准； • 范围管理/范围基准； • 相关方管理
将子计划整合成综合项目管理计划	指导和管理子计划与项目管理计划的整合	充分交叉引用和整合的项目管理计划	• 根据组织的期望和项目的复杂度，通过子计划展示项目管理计划的实质性内容； • 通过制订计划的过程，展示领导力
维护项目管理计划	在整个项目期间，指导和管理项目管理计划及其子计划的维护，包括项目范围、成本、进度和质量需求的变更	按要求对项目管理计划及其附属计划进行文件化审查和版本修订	• 通过定期审查和更新，使项目管理计划渐进明细； • 根据组织的标准，归档和保存定期检查的记录和计划的更新

续表

要素：指导和管理项目工作		要求的指示性技能水平：3	
绩效标准	**期　　望**	**证据来源**	**示　　例**
指导和执行项目工作	• 确保执行的项目活动达成项目目标； • 通过与项目管理相关任务的特定所有权，展示对工作过程的所有权	项目文件和可交付成果	• 展示项目目标已达成的有形组件； • 在整个项目中，展示项目目标已达成的完整且有意义的工作绩效数据
实施已批准的变更	把已批准的变更整合到项目的范围、计划和环境中	• 处理过的变更请求； • 已批准变更请求的整合证据	根据组织的期望，适时整合已批准的变更。定义执行变更任务的所有权。变更文件包括： • 已批准的变更请求； • 项目文件更新
要素：监控项目工作		**要求的指示性技能水平：4**	
绩效标准	**期　　望**	**证据来源**	**示　　例**
跟踪和检查项目进展，确保目标达成	根据要求，使用挣值(EV)等工具监督工作绩效，并应用纠正或预防措施，以推动项目成功完成	• 项目绩效的定期数据报告； • 采取预防和纠正措施以控制项目绩效的决策文件	• 项目记录本包含当前和历史的项目数据，允许对项目绩效进行持续、有力的检查； • 通过例行进度审查，记录前瞻性规划和纠正措施
报告项目达成目标的进展	• 定义和修改状态报告的标准，以正确反映项目的复杂度和相关方的参与度； • 定期提供项目进展的全面和可靠的报告	• 项目状态报告； • 相关方沟通； • 项目绩效数据	• 定期通过报告、演示或适合项目的其他方式更新绩效，以全面说明工作状态；项目范围、进度和成本的评估；健康度；成就；问题/纠正措施； • 根据组织标准保存文档
要素：实施整体变更控制		**要求的指示性技能水平：3**	
绩效标准	**期　　望**	**证据来源**	**示　　例**
审核变更请求	指导和管理对项目所有变更请求的审核和评估	变更请求和审核过程文档[变更控制委员会（CCB）]包括配置管理过程	• 及时提出和审核变更； • 审核过程依据组织标准进行
批准/拒绝变更请求	• 带领讨论，以审核和处理变更请求； • 对所有变更请求签署批准或拒绝； • 如果变更得到批准，及时处理和实施变更； • 根据组织标准，跟踪变更控制过程	• 已签署的变更请求； • 已批准变更的实施记录	• 已处理的变更请求包括，详尽的变更记录，以及批准或拒绝记录，以作为将来理解的基础； • 作为项目记录的一部分，完成和维护变更请求文档
管理已批准变更的影响	评估已批准的变更请求对项目计划、项目文件和项目可交付成果的影响，并做出适当的调整	• 已批准变更的实施记录； • 由于批准的变更而采取的具体行动的证据	• 新产生的或变更后的可交付成果应反映在项目文件中，并应与项目团队和相关方沟通； • 根据需要采取纠正或预防措施

续表

要素：实施整体变更控制		要求的指示性技能水平：3	
绩效标准	期　望	证据来源	示　例
沟通变更请求的状态及已批准变更的影响	对于已批准的变更、拒绝的变更和造成的影响，应及时通报团队和相关方	• CCB 文件； • 月报； • 团队/相关方沟通	• CCB 会议纪要，包含对变更请求及其状态、最终处理情况和对项目影响情况的完整记录； • 沟通/月度报告处理变更请求和对项目产生的影响
要素：结束项目或阶段		要求的指示性技能水平：4	
绩效标准	期　望	证据来源	示　例
根据项目范围、进度和预算基准、绩效标准审核可交付成果	指导和计划项目可交付成果与项目基准之间的协调一致	可交付成果与项目关键要素之间的比对记录	记录可交付成果与范围、进度和预算之间的匹配，以及所有差距或差异的解释
项目收尾归档	与相关方沟通阶段或项目的完成情况，根据相关方的特殊信息需求调整沟通的内容	相关方沟通	• 应从相关方的接收方的角度编写沟通记录； • 沟通涉及项目的成功（或失败）、持续的考虑（如果有的话），以及任何其他与收尾相关的因素； • 根据组织标准的要求保持沟通
过渡到下一个阶段（包括项目收尾后的支持）	指导并实现过渡计划	过渡计划	记录过渡到下一个阶段的计划，以及该计划已经被成功实施的证据
经验教训归档	指导和促进经验教训总结会，并发布成果	经验教训文件和/或会议记录	• 记录完整的经验教训清单，包括最佳实践和建议的改进措施，以便在未来的项目中使用； • 文档在数据库或其他组织工具中被明确标识和维护，以确保未来的项目可以轻松查询和访问
存档项目记录	确保与阶段和/或项目收尾相关的存档任务及时完成和执行	可从组织档案系统中检索的项目文档	• 项目文档被清晰定义和存储于组织的档案系统中； • 记录完整的归档项目文件

X3.1.2　项目范围管理

项目范围管理包括所需工作的绩效，以确保项目包括所需的所有工作，并且只包括成功完成项目所需的工作。清晰的项目范围是必须的，这样相关方就知道项目包括什么，不包括什么。

本单元的要素包括：

- 规划范围管理；
- 收集需求；

- 定义范围；
- 创建工作分解结构（WBS）；
- 确认范围；
- 控制范围。

表 X3-2　项目范围管理——项目经理绩效能力

要素：规划范围管理			要求的指示性技能水平：4
绩效标准	期　望	证据来源	示　例
创建和定义范围管理计划	• 指导和管理范围管理计划的制订； • 识别和核实范围； • 需求（包括什么和不包括什么）； • 将需求和想法分类	批准的范围管理计划	• 该计划涉及项目范围如何定义、制定、监督、控制和核实。 • 根据组织的期望和项目的复杂度，计划包括如下过程： ○ 准备详细的范围说明书； ○ 促成创建 WBS； ○ 确定如何维护和批准 WBS； ○ 如何正式验收可交付成果； ○ 如何处理范围说明书的变更请求
要素：收集需求			**要求的指示性技能水平：4**
绩效标准	期　望	证据来源	示　例
创建和定义项目需求	从相关方那里收集需求并通过需求管理过程确认需求	需求文件，如需求跟踪矩阵	• 需求文件在细节和形式上满足组织期望； • 需求文件条理清晰（可衡量和可测试）
要素：定义范围			**要求的指示性技能水平：4**
绩效标准	期　望	证据来源	示　例
详细描述项目、产品及成果	指导和管理范围定义过程，确保其被项目发起人和主要相关方批准	项目范围说明书	范围说明书包括对项目范围的完整描述，并指出什么范围是不包括的部分
要素：创建工作分解结构（WBS）			**要求的指示性技能水平：4**
绩效标准	期　望	证据来源	示　例
分解项目可交付成果和工作，直到计划工作的最低层	指导和管理工作分解结构的制定	工作分解结构	• WBS 在工作包层级清楚描述了所有范围； • WBS 给项目团队和发起人提供了可交付物的一个结构性视图
要素：核实范围			**要求的指示性技能水平：4**
绩效标准	期　望	证据来源	示　例
获得项目可交付成果的正式验收	指导文档包的准备，为客户和发起人演示项目可交付成果，并获得正式验收	• 可交付成果获得正式验收的文档包； • 正式验收已完成的可交付成果的信函或其他文件	• 文档包包括足够的细节以支撑正式验收； • 客户或发起人的正式验收包括他们对可交付成果的满意度

续表

要素：控制范围		要求的指示性技能水平：4	
绩效标准	期　望	证据来源	示　例
监督项目状态和产品范围	基于范围基准监督项目（范围说明书、WBS 和 WBS 字典）	• 工作绩效数据； • 评估数据归档，展示对项目进展的监督	• 项目状态报告清晰记录了项目状态、出现的问题/正在处理的问题、采取的措施及得到的成果
管理范围基准的变更	• 在会议中指导讨论、审核和处理范围变更请求； • 所有变更请求的记录、签字、批准或拒绝； • 如果批准，及时处理和执行变更； • 根据组织标准，跟踪变更控制流程	• 已批准的变更请求； • 记录已批准变更的实施情况； • 更新范围说明书和其他项目文件（如有必要）	• 已处理的变更请求包括，详尽的变更记录，以及批准或拒绝记录，以作为将来理解的基础； • 完成和维护变更请求文档，作为项目记录的一部分

X3.1.3　项目时间管理

项目时间管理包括为及时完成项目所涉及的规划、估算、制订、管理和控制进度等各个过程。

本单元的要素包括：

- 规划进度管理；
- 定义活动；
- 排列活动顺序；
- 估算活动资源；
- 估算活动持续时间；
- 制订进度计划；
- 控制进度。

表 X3-3　项目时间管理——项目经理能力

要素：规划进度管理		要求的指示性技能水平：3	
绩效标准	**期　　望**	**证据来源**	**示　　例**
创建和定义进度管理计划	• 指导和管理进度管理计划的制订； • 为如何在整个项目中管理项目进度提供指南和方向	批准的进度管理计划	• 该计划涉及规划、制订、管理、执行和控制项目进度的政策、程序和文件； • 根据组织的期望和项目的复杂度，该计划制订了： ○ 适用的进度方法和进度工具； ○ 活动持续时间估算的可接受准确度； ○ 每种资源的计量单位； ○ 组织程序的链接； ○ 维护项目进度的过程； ○ 监督进度绩效的偏差临界值
要素：定义活动		**要求的指示性技能水平：4**	
绩效标准	**期　　望**	**证据来源**	**示　　例**
识别和记录为产生项目可交付成果而采取的具体行动	指导活动的定义过程	• 活动清单； • 活动属性； • 里程碑清单	活动的详细程度为估算、规划、执行、监督和控制提供了可靠的基础
要素：排列活动顺序		**要求的指示性技能水平：4**	
绩效标准	**期　　望**	**证据来源**	**示　　例**
识别和记录项目活动之间的关系与依赖性	指导活动排序过程	项目进度网络图	在识别项目约束的同时，工作顺序体现了项目的最高效率
要素：估算活动资源		**要求的指示性技能水平：4**	
绩效标准	**期　　望**	**证据来源**	**示　　例**
估算执行每个活动所需的资源类型和数量	指导活动资源的估算过程	• 活动资源需求； • 资源分解结构	• 资源需求估算包括：材料、人力资源、设备和用品等资源； • 资源需求应包括足够的细节，以便进行准确的成本和持续时间估算
要素：估算活动持续时间		**要求的指示性技能水平：4**	
绩效标准	**期　　望**	**证据来源**	**示　　例**
根据预估资源的结果估算活动持续时间	指导活动持续时间的估算过程	活动持续时间估算	活动的工作范围、所需的资源类型、估算的资源数量和资源日历（用于持续时间估算）
要素：制订进度计划		**要求的指示性技能水平：4**	
绩效标准	**期　　望**	**证据来源**	**示　　例**
创建项目进度模型	指导活动进展过程	• 进度基准； • 进度数据； • 项目进度和项目日历	• 项目进度计划代表全部工作范围，以及可实现的执行工作； • 项目进度计划是由关键相关方制订和验收的

续表

要素：控制进度		要求的指示性技能水平：4	
绩效标准	期　望	证据来源	示　例
监督项目活动状态，更新项目进展	• 根据基准进度监督项目进展； • 解决延期和绩效问题	工作绩效信息、进度预测	项目进度计划和其他相关工件按照项目计划中的定义及时更新
管理进度基准变更	• 指导讨论，以评审和处理范围变更请求； • 所有变更请求的记录、签字、批准或拒绝； • 对批准的变更及时处理、执行； • 按照组织的要求进行变更控制过程	• 签署的变更请求； • 记录已批准变更的实施情况； • 根据需要更新进度	• 已处理的变更请求包括，详尽的变更记录，以及批准或拒绝记录，以作为将来理解的基础； • 已完成变更请求文档并作为项目记录的一部分进行维护

X3.1.4　项目成本管理

项目成本管理包括在批准的预算内管理项目的各个过程。

本单元的要素包括：

- 规划成本管理；
- 估算成本；
- 制订预算；
- 控制成本。

表 X3-4　项目成本管理——项目经理绩效能力

要素：规划成本管理		要求的指示性技能水平：3	
绩效标准	期　望	证据来源	示　例
创建和定义成本管理计划	• 指导和管理制订成本管理计划； • 为如何在整个项目过程中管理项目成本制订指南和方向	批准的成本管理计划	• 该计划涉及规划、管理、支出和控制项目成本的政策、程序和文档； • 根据组织的期望和项目的复杂性，该计划制订了： ○ 资源的计量单位； ○ 精确度； ○ 准确度； ○ 组织程序链接； ○ 监督偏差的临界值； ○ 挣值管理规则

续表

要素：估算成本		要求的指示性技能水平：4	
绩效标准	期　望	证据来源	示　例
估算完成项目活动的成本	• 指导和监督成本估算过程； • 确保将备选成本方案、成本权衡和风险作为制订成本估算的一部分予以考虑	• 活动成本估算； • 估算依据	• 估算完成所有项目工作范围所需的成本； • 估算依据为后续评估和变更请求有效性的确定提供足够的细节； • 估算过程以实现项目的最佳成本
要素：制订预算		要求的指示性技能水平：4	
绩效标准	期　望	证据来源	示　例
制订经批准的项目成本基准	指导和监督预算定义和过程审批	• 批准的成本基准； • 项目资金需求	成本基准是按时间段分配的，代表完成整个项目范围所需的成本
要素：控制成本		要求的指示性技能水平：4	
绩效标准	期　望	证据来源	示　例
监督项目活动状态，更新项目成本	尽早识别偏差，及时采取纠正措施，使风险最小化	• 工作绩效信息； • 成本预测	• 工作绩效信息包括成本/进度偏差、成本/进度绩效指数、完工尚需绩效指数和完工偏差； • 记录计算的 EAC 或自下而上的 EAC
管理成本基准的变更	• 指导讨论，以审核和处理影响项目成本的变更请求； • 所有变更请求的记录、签字、批准或拒绝； • 如果变更被批准，应及时处理和执行变更； • 按照组织要求执行变更控制过程	• 签署的变更请求； • 记录已批准变更的实施情况； • 按照需求更新成本基准	• 已处理的变更请求包括，详尽的变更记录，以及批准或拒绝记录，以作为将来理解的基础； • 已完成变更请求文档并作为项目记录的一部分进行维护

X3.1.5　项目质量管理

项目质量管理包括对执行组织工作的管理，以确定满足项目需求的质量政策、目标和职责。应理解和实施质量计划、质量控制和质量保证过程。

本单元的要素包括：

- 规划质量管理；
- 实施质量保证；
- 控制质量。

表 X3-5 项目质量管理——项目经理绩效能力

要素：规划质量管理		胜任能力水平要求：3	
绩效标准	**期　望**	**证据来源**	**示　例**
创建并定义质量管理计划	• 指导并管理质量管理计划的制订； • 指导适用的质量标准和（或）要求的识别	• 批准的质量管理计划； • 过程改进计划	• 质量管理计划为如何管理和核实项目质量提供指导和方向； • 过程改进计划包括分析项目管理过程的步骤
记录项目如何证明符合质量要求	指导质量测量指标和质量核对单的制订	• 质量测量指标； • 质量核对单	• 质量测量指标描述项目/产品属性，以及如何通过控制质量过程来测量属性； • 项目使用组织的标准化或定制核对单，以适应项目范围和复杂性
要素：实施质量保证		**胜任能力水平要求：3**	
绩效标准	**期　望**	**证据来源**	**示　例**
审计质量要求和质量控制测量结果	• 保证审计质量的过程依照质量管理计划执行； • 依据审计报告，实施项目文档的变更	• 最终审计报告； • 项目管理计划和其他项目文件的更新	• 按照计划执行审计； • 审计报告清楚地描述了审查的内容、审查的成果和为解决问题所需采取的行动； • 纠正措施计划明确阐明了行动、责任人、预期成果，以及相关的时间和成本指标； • 及时更新项目管理计划和其他项目文件
要素：控制质量		**胜任能力水平要求：3**	
绩效标准	**期　望**	**证据来源**	**示　例**
识别质量低劣的原因并采取行动消除	• 监督质量活动的执行情况以评估绩效； • 指导对质量活动绩效的评估； • 识别必要的变更； • 召开经验教训会议	• 质量控制测量； • 工作绩效信息； • 评估报告； • 记录的经验教训	• 依据质量管理计划，记录质量控制测量结果； • 工作绩效信息涉及需求的实现情况，包括拒收、返工、过程调整的原因； • 经验教训文档包括最佳实践和建议的改进，并且易于检索，以便在将来的项目中使用
核实项目可交付成果和工作都满足要求	确保项目可交付成果和工作满足关键相关方的要求，以便最终被接受	验收的项目可交付成果和工作	正式验收项目可交付成果和/或工作完成的文档

X3.1.6 项目人力资源管理

项目人力资源管理包括组织、管理及指导项目团队的工作绩效。

本单元的要素包括：

- 规划人力资源管理；
- 组建项目团队；
- 建设项目团队；
- 管理项目团队。

表 X3-6 项目人力资源管理——项目经理绩效能力

要素：规划人力资源管理		要求的指示性能力水平：3	
绩效标准	**期　望**	**证据来源**	**示　例**
创建人力资源管理方法的总体指导方针	指导和管理人力资源管理计划的制订	批准的人力资源管理计划	人力资源管理计划提供了关于如何定义、配备、管理及最终遣散项目人力资源的指南。根据组织的期望和项目的复杂性，该计划制订了： • 角色和职责； • 项目组织图； • 人员配备管理计划
要素：组建项目团队		**要求的指示性技能水平：3**	
绩效标准	**期　望**	**证据来源**	**示　例**
确认人力资源的可用情况和配备项目团队人员	• 指导项目组织图的制订； • 确保项目配备足够人员； • 遵从组织策略，如机会平等、没有偏见、确保公平	• 批准的项目组织图； • 资源分配表	• 项目人员的配备应基于完成项目范围所需的角色，而不受组织资源限制； • 资源分配是平均的； • 资源不能被过度分配； • 为矩阵组织明确定义了人力资源与其直线经理／职能经理之间相对于项目的关系
发布新招募信息	监督和促进招募的准备，并获得批准	已批准的招募	新的招募需求描述了角色、报告关系和时间分配
采购承包商服务	• 指导和促进合同服务的采购流程； • 确保合同得以及时签订及执行	已执行的合同	服务合同包括明确的工作说明书，还包括（但不限于）：范围、工作进度、可交付成果、工作地点和其他条款及条件
确保内部资源分配到项目上	• 批准/监督内部资源申请； • 成功地与直线/职能经理协商项目内部的资源分配	内部资源已分配到项目上	• 就资源分配，与直线/职能经理达成协议并记录下来； • 协议定义了资源所执行的范围、资源类型、所需资源的数量，以及资源占用的时间； • 协议允许资源根据项目人员配备的需要，尽可能地将资源归还给职能部门

续表

要素：建设项目团队		要求的指示性技能水平：3	
绩效标准	**期　望**	**证据来源**	**示　例**
辅导团队	• 指导辅导计划的制订； • 为团队成员提供辅导，请资深项目团队成员提供辅导； • 评价该计划的有效性，并根据需要加以改变	• 已批准的辅导计划； • 导师/学员分派矩阵	辅导计划对导师和学员间进行富有成效的互动提供了框架，包括： • 对导师和学员提供培训； • 支持该项目的工具，如评价进度表、角色扮演示例或其他方法
资助团队建设活动	• 指导团队建设活动的规划和举办； • 采用基于团队构成、项目阶段和其他因素的各类活动	• 团队建设活动计划； • 记录反馈； • 团队绩效评估	• 团队建设活动计划包括各种活动，从单个议程项目到线下引导体验； • 团队反馈表明团队建设活动是有效的和有益的； • 及时处理负面反馈，并在必要时对计划进行调整； • 团队绩效评估基于预定的标准，阐述项目目标（达到的）、项目进度（按时）、项目成本（预算内）和其他相关标准
要素：管理项目团队		**要求的指示性技能水平：4**	
绩效标准	**期　望**	**证据来源**	**示　例**
跟踪团队成员绩效，并提供反馈	• 每年都进行绩效评估； • 以建设性的方式提供（积极和消极的）反馈，鼓励持续发展	经理和个人签署的绩效评估	绩效评估包括： • 在评估期间完成的活动； • 下一期间计划的活动； • 成果； • 能力发展领域； • 将实现的职业目标和活动； • 经理的评估和反馈
管理团队变更	• 监控资源分配； • 重新分配团队成员以提供新的和富有挑战性的任务； • 按需获取新的或额外所需的人员以支持项目可交付成果	• 团队组织图； • 人员调整计划； • 人员配备协议	• 维护团队组织图，并提供给团队。 • 在重新分配时给相关人员提供足够的时间，与新加入的人员一同准备和审阅人员调整计划。 • 人员配备协议是预先设定的，按需进行维护/更新，包括： 　○ 所需资源的数量或全职人力工时； 　○ 绩效期间； 　○ 执行的范围； 　○ 分配的预算和适用的费用编码
解决冲突	• 采取行动将冲突降到最低； • 确认冲突何时发生； • 识别冲突来源； • 解决冲突	• 发布团队基本规则； • 团队沟通； • 区分专业意见的流程	• 团队的基本规则清晰简明；项目规则的所有权体现在签字权上； • 在适当的情况下，应广泛进行团队沟通以尽量减少接收到的多方消息； • 通过区分专业意见的流程，定义来自两位或多位个体的意见输入步骤，由一个冲突解决小组听取他们的意见

X3.1.7　项目沟通管理

项目沟通管理包括确保及时且恰当地规划、收集、生成、发布、存储、检索、管理、控制、监督和最终处置项目信息的工作绩效。

本单元的要素包括：

- 规划沟通管理；
- 管理沟通；
- 控制沟通。

表 X3-7　项目沟通管理——项目经理绩效能力

要素：规划沟通管理		要求的指示性技能水平：4	
绩效标准	**期　望**	**证据来源**	**示　例**
创建和定义沟通管理计划	• 指导和管理沟通管理计划的制订； • 制订项目沟通的方法和计划	批准的沟通管理计划	该计划描述了如何对沟通进行规划、结构化、监督和控制。 计划表述的条目包括： • 谁需要什么信息； • 谁有权访问信息； • 何时需要信息； • 信息存储在哪里； • 如何存储信息（格式）； • 如何检索信息； • 其他考虑因素（如时区、语言、跨文化）
创建沟通政策	• 指导和引导沟通策略的制订； • 监督执行	批准的沟通政策	沟通策略包含足够的细节以供项目团队使用
要素：管理沟通		**要求的指示性技能水平：4**	
绩效标准	**期　望**	**证据来源**	**示　例**
生成、收集和发布项目信息	• 为项目团队和相关方管理项目信息的生成、收集和发布； • 批准（酌情包括作者）与项目团队、高层管理者或相关方的正式沟通； • 确保沟通需求得到满足	项目沟通（例如，绩效报告、可交付成果状态、进度进展情况、问题解决状态、项目呈现、会议纪要、项目公告）	• 项目沟通基于消息和接收者，利用适当的方法和模型（例如，结合反馈循环、书面与口头、书写风格）； • 项目沟通以及时和相关的方式提供信息； • 项目沟通应表明其符合沟通管理计划
存储项目信息	• 管理项目信息的存储； • 确保项目信息易于检索	项目沟通和文档的存储	项目沟通和文档是： • 利用已建立的信息管理系统并根据沟通管理计划获取、存储和发布信息； • 易于检索
处理项目信息	确保项目信息在项目阶段或项目结束时得到妥善处理	可检索的项目沟通和文档	• 项目文档可被清晰识别，并且存储于组织的档案系统之中； • 完成项目档案归档的统计工作

续表

要素：控制沟通		要求的指示性技能水平：4	
绩效标准	**期　望**	**证据来源**	**示　例**
监督沟通以识别沟通差距和沟通障碍	在整个项目生命周期中管理沟通	• 来自项目团队、高层管理者和相关方的反馈； • 修订沟通管理计划	• 通过问题日志获取负面反馈，包括响应 / 纠正措施及事项关闭； • 通过计划来修订用以解决、纠正未来沟通差距、障碍的原因和机会
为沟通差距、障碍提供及时、准确的应对	• 每当发生沟通不畅时恢复沟通； • 恢复和/或传播预期的消息	书面记录解决沟通差距和障碍的应对措施	• 及时且专业地进行应对； • 应对措施完全解决了沟通不畅的问题，清晰传达了预期的消息
召开临时会议	适时启动和指导临时会议，以解决沟通差距和扫除障碍	记录会议纪要	• 同与会者清楚地沟通临时会议的内容； • 获取会议行动计划，跟踪直至完成

X3.1.8　项目风险管理

项目风险管理包括规划风险管理、识别风险、实施风险分析、规划风险应对和控制风险等各个过程。

本单元的要素包括：

- 规划风险管理；
- 识别风险；
- 实施定性风险分析；
- 实施定量风险分析；
- 规划风险应对；
- 实施风险应对；
- 控制风险。

表 X3-8　项目风险管理——项目经理绩效能力

要素：规划风险管理		要求的指示性技能水平：4	
绩效标准	**期　望**	**证据来源**	**示　例**
创建和定义风险管理计划	• 指导和管理风险管理计划的制订； • 制定如何在整个项目生命周期中管理项目风险的指导和方向	批准的风险管理计划	根据组织的期望和项目的复杂性，本计划处理的问题如下： • 风险管理方法； • 定义角色和责任； • 应急和管理储备的适用协议； • 风险管理过程执行的时间安排（时间及频率）
要素：识别风险		**要求的指示性技能水平：4**	
绩效标准	**期　望**	**证据来源**	**示　例**
确定哪些风险可能影响项目并记录这些风险的特征	监督风险识别和定义的过程	风险登记册	• 风险登记册包括已识别的风险和潜在应对的清单； • 在合理的情况下尽可能详细地描述风险； • 记录风险的根本原因
要素：实施定性和定量风险分析		**要求的指示性技能水平：3**	
绩效标准	**期　望**	**证据来源**	**示　例**
通过评估风险发生的概率及其影响来对风险排序，以进行下一步的分析或应对	监督风险分析过程	更新风险登记册和假设条件日志	更新风险登记册包括： • 评估概率和影响； • 风险评级/分值； • 风险紧迫性； • 风险分类； • 观察清单。 将通过定性风险分析过程识别出的新信息更新至假设条件日志
定量分析已识别的风险对项目整体目标的影响	监督风险分析过程	更新风险登记册	更新风险登记册包括： • 项目的概率分析； • 实现成本和时间目标的概率； • 已量化风险的排序清单； • 从定量风险分析结果中识别的趋势
要素：规划风险应对		**要求的指示性技能水平：3**	
绩效标准	**期　望**	**证据来源**	**示　例**
针对项目目标，制订提高机会、降低威胁的方案和行动措施	监督风险应对措施的制订	• 更新风险登记册中的风险应对措施； • 更新管理计划	• 风险登记册中每个风险的详细程度应与风险的优先级和拟采取的应对措施相适应； • 适时更新项目管理计划和子计划，以反映基于本过程所产生的变更

续表

要素：控制风险		要求的指示性技能水平：4	
绩效标准	期　望	证据来源	示　例
实施风险应对计划	• 必要时启动风险应对计划； • 监督项目中来自风险应对的次生风险	• 变更请求； • 更新风险登记册； • 更新管理计划	对于实施应急计划或权变措施的变更请求，建议进行适当的纠正或预防。 风险登记册更新可能包括： • 风险再评估、风险审计和定期风险审查的成果； • 项目风险及其应对的实际成果； • 根据需要更新管理计划，以反应批准的变更
监督项目风险状态	• 跟踪已识别的风险； • 监督残余风险； • 识别新风险； • 进行持续的风险评估	• 执行风险评估的成果； • 风险状态报告	利用项目状态报告，在整个项目期间定期进行风险评估。 评估决定： • 项目状态报告中呈现的趋势； • 项目假设的持续有效性； • 可能发生变更、失效的现存风险； • 风险管理政策和程序是否被遵循； • 应急储备是否应被修改； • 应该记录新产生的风险
评估风险过程的有效性	根据风险管理计划，确保定期进行风险审计，以审查和记录风险应对措施的有效性	• 风险审计进度； • 风险审计报告	• 风险审计报告表明已遵循绩效进度； • 风险审计报告涉及风险报告、评估和应对过程的有效性； • 根据审计结果变更风险文档

X3.1.9　项目采购管理

项目采购管理包括从项目团队外部购买或获取产品、服务或成果所需工作的绩效。

本单元的要素包括：

- 规划采购管理；
- 实施采购；
- 控制采购；
- 结束采购。

表 X3-9 项目采购管理——项目经理绩效能力

要素：规划采购管理		要求的指示性技能水平：3	
绩效标准	**期 望**	**证据来源**	**示 例**
制订采购管理计划	• 指导和管理采购管理计划的制订； • 为项目团队获取产品和服务制定指南和方向	批准的采购管理计划	根据组织的期望和项目的复杂性，该计划包括： • 计划的合同类型； • 制约因素和假设条件； • 长交期料件的采购方法； • 进行自制或外购决策的方法； • 评估卖方和合同管理的采购指标； • 《PMBOK®指南》中识别的其他事项
记录采购决策	• 指导和管理采购讨论； • 批准采购决议； • 识别规模经济、货币价值、时间、成本效益采购方式的机会	• 自制或外购分析结果； • 资源评估/选择标准包括了权重系数	资源选择标准反映了产品、服务或成果的复杂性。除了包括购买价格，更复杂的内容还包括： • 卖方对工作说明书的理解； • 生命周期的成本； • 卖方管理/技术方法； • 卖方的财务/生产能力； • 过去的绩效； • 《PMBOK®指南》中识别的其他事项
制定采购工作说明书（SOW）和文件，以征求潜在卖方的建议	• 指导采购工作说明书（SOW）和采购文件的制订，如信息邀请书（RFI）、投标邀请书（IFB）、建议邀请书（RFP）和报价邀请书（RFQ）； • 确保采购工作说明书（SOW）和采购文件的结构化，使卖方能够提供完整、准确的应答，便于简化应答评估	• 采购工作说明书； • 采购文件［如信息邀请书（RFI）、投标邀请书（IFB）、建议邀请书（RFP）和报价邀请书（RFQ）］	• 采购工作说明书应书写得清晰、完整、简洁。其中包括所需数量、质量水平、绩效数据、绩效周期、工作地点和所需的附属服务等事项； • 采购文件记录的详细程度应与采购价值和相关风险一致； • 采购文件表明，工作符合采购管理计划和其他组织的采购过程和程序
要素：实施采购		**要求的指示性技能水平：3**	
绩效标准	**期 望**	**证据来源**	**示 例**
获得卖方应答	• 向卖方发送信息邀请书（RFI）/建议邀请书（RFP）并获得应答； • 与潜在卖方召开投标人会议和其他会议； • 指导对卖方问题的统一答复的制订	• 卖方对 RFI 和 RFP 的应答； • 记录投标人会议和其他与潜在卖方召开的会议的成果（如产品演示）； • 记录卖方问题的应答	• 在投标人会议和/或问题答复的支持下，卖方应答表明卖方对采购需求有清晰、共同的理解； • 文件表明，所有卖方收到相同的信息、问题答复等
选择卖方	• 指导对卖方应答的客观评价； • 记录评估结果； • 指导卖方“短名单”的选择； • 指导从“短名单”中选择卖方的决定	• 记录客观评价卖方应答的成果； • 卖方“短名单”； • 选择的卖方，以及评估成果、理由和根据	文件表明，评估是按照采购管理计划进行的，对所有卖方都是公平的

续表

要素：实施采购		要求的指示性技能水平：3	
绩效标准	**期　望**	**证据来源**	**示　例**
合同授予	• 支持和监督卖方合同的谈判； • 批准合同授予	• 与选定的卖方签订采购协议； • 卖方资源日历	采购协议满足项目的特定需求，同时遵守组织的采购政策，采购协议包括： • 工作说明书； • 进度基准； • 绩效周期； • 定价； • 付款条件； • 检验和验收标准； • 《PMBOK®指南》中识别的其他事项
要素：控制采购		**要求的指示性技能水平：3**	
绩效标准	**期　望**	**证据来源**	**示　例**
管理采购关系	• 管理与卖方的接口； • 确保项目方和卖方履行合同义务	• 处理有关卖方互动、状态、绩效报告的沟通（信件、备忘录、电子邮件）记录	与卖方的沟通表明，接口是在合同的范围内实施的
监督合同绩效	• 根据合同和工作说明书（SOW）或服务水平协议（SLA）来评估卖方绩效； • 定期对卖方的绩效进行审查； • 对照 SOW 跟踪卖方的可交付成果； • 及时执行变更请求	• 卖方绩效审查报告； • 签署的变更请求	• 审查报告包括，在必要时进行的纠正措施和实施计划； • 后续审查涉及的纠正措施是否执行并有效；如果有需要，确定后续纠正措施； • 涉及建设性变更的变更请求具有唯一标识并被记录下来； • 有关管理早期终止（原因、便利或默认）的详细信息将根据需要进行获取
对合同进行变更与纠正	• 管理合同修改流程； • 以项目的最佳利益执行合同修改； • 管理与卖方进行的变更谈判	执行合同修订、支持性采购的文件	• 合同修订表明，工作符合项目的既定流程，包括文档、跟踪系统、争议解决程序和必要的批准级别； • 合同修订文件包括需求的细节和变更的理由
要素：结束采购		**要求的指示性技能水平：3**	
绩效标准	**期　望**	**证据来源**	**示　例**
结束采购	• 确认合同的可交付成果顺利完成并符合工作范围； • 批准合同结束	• 采购审计； • 卖方提供的可交付成果的验收记录； • 合同结束通知书	• 根据合同条款和条件，正式记录对卖方提供的可交付成果的验收和采购结束； • 根据合同条款和条件，基于事先获取的细节，正式记录合同提前终止的通知
采购信息归档	• 指导经验教训的审查； • 确保归档工作完成	• 索引的合同文件集； • 经验教训审查结果的记录	• 合同文件完整、组织有序、易于检索，便于将来使用； • 经验教训文件包括最佳实践方法和推荐改进方法，它应易于检索，以便在将来的项目中使用

X3.1.10　项目相关方管理

项目相关方管理包括识别可能影响项目或受项目影响的人员、团体和/或组织所需工作的绩效，分析相关方的期望及其对项目的影响，以及制定策略来有效引导相关方参与项目决策、规划和执行。

本单元的要素包括：

- 识别相关方；
- 规划相关方管理；
- 管理相关方参与；
- 控制相关方参与。

表 X3-10　项目相关方管理——项目经理绩效能力

<table>
<tr><th colspan="2">要素：识别相关方</th><th colspan="2">要求的指示性技能水平：4</th></tr>
<tr><th>绩效标准</th><th>期　望</th><th>证据来源</th><th>示　例</th></tr>
<tr><td>创建已识别的相关方详细清单</td><td>• 指导每个相关方或相关方群体识别合适的关注点；
• 确保定期咨询和更新登记册，以便在项目生命周期内处理相关方的变更</td><td rowspan="4">相关方登记册</td><td rowspan="4">• 相关方登记册包括身份信息、评估信息和相关方分类；
• 相关方目录的有关信息包括姓名、组织中的地位、地理位置、项目角色和联系信息；
• 评估涉及相关方最感兴趣的主要要求、主要期望、潜在影响，以及对项目阶段的识别；
• 一个或多个分类模型用于相关方分析（如权力/利益方格、权力/影响方格、作用/影响方格、凸显模型）</td></tr>
<tr><td>记录采购决策</td><td>监督相关方信息的收集</td></tr>
<tr><td>创建相关方组织图</td><td>指导制订相关方组织图</td></tr>
<tr><td>执行相关方分析</td><td>指导相关方的评估和分类</td></tr>
<tr><th colspan="2">要素：规划相关方管理</th><th colspan="2">要求的指示性技能水平：4</th></tr>
<tr><th>绩效标准</th><th>期　望</th><th>证据来源</th><th>示　例</th></tr>
<tr><td>创建和定义相关方管理计划</td><td>指导和管理经批准的、明确可行的相关方管理计划的制订，与相关方互动以支持项目利益</td><td>批准的相关方管理计划</td><td>• 通过该计划识别策略，使相关方有效地参与到整个项目生命周期中。
• 管理策略要考虑到相关方的需要、利益和对项目成功的潜在影响。
• 根据组织的期望和项目的复杂性，该计划提供了：
○ 参与度；
○ 变更的范围和影响；
○ 相关方的相互关系和重叠度；
○ 沟通需求；
○ 信息分发计划；
○ 有关执行计划的评审和更新计划</td></tr>
</table>

续表

要素：规划相关方管理		要求的指示性技能水平：4	
绩效标准	期　望	证据来源	示　例
评估和记录相关方的参与度	指导参与矩阵的开发	完成相关方参与度评估矩阵	• 评估所有相关方的实际与计划参与度的差异； • 识别行动和沟通，以弥补实际与期望参与度之间的差距
要素：管理相关方参与		**要求的指示性技能水平：4**	
绩效标准	**期　望**	**证据来源**	**示　例**
在项目生命周期内与相关方沟通和合作	• 参与会增加相关方的支持，并将相关方的阻力降到最低； • 由于相关方积极主动和持续地参与，使识别的问题、变更请求的数量得以最小化； • 相关方的反馈和经验教训通常反映了他们对项目的积极投入，并且可以在其他项目上使用； • 沟通、人际关系和管理技能被恰当地应用于所有相关方参与中	• 问题日志； • 变更请求； • 相关方的反馈； • 经验教训的记录	• 从始至终对问题日志进行跟踪，及时记录解决方案； • 变更请求充分地识别变更、基础，恰当地识别项目纠正或预防措施； • 相关方的反馈被记录，并被恰当地分发及使用，以提高项目绩效和相关方参与； • 经验教训库或其他方法包括问题的根本原因分析和纠正行动的选择依据
要素：控制相关方参与		**要求的指示性技能水平：4**	
绩效标准	**期　望**	**证据来源**	**示　例**
制订和执行响应及对策，以便保持相关方在整个项目生命周期内保持适当水平的参与度	• 控制策略可以维持或提升相关方参与活动的效率和有效性； • 问题被主动解决； • 相关方的反馈和经验教训通常反映了他们对项目的积极投入，并且可以很容易用于其他项目	• 工作绩效信息的记录； • 文档更新（管理计划、相关方登记册、问题日志）； • 相关方的反馈； • 经验教训的记录	• 绩效信息包括可交付成果的状态、变更请求的执行状态和预测的完工估算； • 文档更新涉及相关方参与方法、策略方面的变更； • 相关方的反馈被记录，并被恰当地分发及使用，以提高项目绩效和相关方参与； • 经验教训库或其他方法包括问题的根本原因分析和纠正行动的选择依据

X3.2　项目经理个人能力单元

X3.2.1　沟通

沟通包括用恰当的方式与相关方有效地交换准确的、适当的且相关的信息。

本单元的要素包括：

- 主动倾听，理解并回应相关方；
- 维护沟通渠道；
- 确保信息质量；
- 根据对象裁剪沟通。

表 X3-11　沟通——个人能力单元

要素：主动倾听，理解并回应相关方		要求的指示性技能水平：4	
绩效标准	**期　望**	**证据来源**	**示　例**
主动倾听	• 团队成员和相关方的顾虑得到解决； • 沟通被听众接受； • 对尚未定义或理解的相关方需求的解释和评估进行转换，以确保理解正确	• 从相关方和团队成员处获取的调研结果； • 从沟通中得到的观测记录	设身处地反馈并理解他人的观点
理解沟通中的显性和隐性内容	• 制订和调整沟通策略； • 包含相关方分析和项目沟通计划的正式更新或变更； • 与相关方沟通的水平和形式相匹配	• 从相关方和团队成员处得到的调研结果； • 从沟通中得到的观测记录； • 项目文件	确认收到并理解信息
对预期、关注和问题做出响应并采取行动	进行分析、选项评估（酌情），并采取/推荐适合的行动	• 从相关方和团队成员处得到的调研结果； • 从沟通中得到的观测记录； • 项目文件	• 对他人认为重要的问题做出响应（如问题日志）； • 变更请求
要素：维护沟通渠道		**要求的指示性技能水平：4**	
绩效标准	**期　望**	**证据来源**	**示　例**
促使相关方积极参与	• 定期建立论坛与相关方互动，包括各种正式与非正式媒介，以促进主动沟通； • 将问题记录在会议纪要、行动条目日志中	• 从相关方和团队成员处得到的调研结果； • 从沟通中得到的观测记录	确保相关方需求被积极满足
有效地传播信息	• 定期建立论坛与相关方互动，包括各种正式与非正式媒介； • 使用合理的沟通方式传播信息 • 分发沟通并与相关方登记册匹配； • 回应时间和方法与沟通计划匹配	• 从相关方和团队成员处得到的调研结果； • 从沟通中得到的观测记录； • 项目文件	通过对话、调研、记录、展示或观察的方式来进行有效沟通 与恰当的相关方分享相关和及时的沟通
维护正式和非正式沟通	• 定期建立论坛与相关方互动，包括各种正式与非正式媒介； • 预定会议和临时会议的会议记录； • 适当地将会议与对象的正式程度相匹配	• 从相关方和团队成员处得到的调研结果； • 从沟通中得到的观测记录； • 项目文件	• 计划的与计划外的会议、头脑风暴会议纪要等； • 往来函件； • 讨论的笔记及跟进内容； • 对相关方可用性的反馈
要素：确保信息质量		**要求的指示性技能水平：3**	
绩效标准	**期　望**	**证据来源**	**示　例**
使用适当的信息来源	与团队带头人和成员一起制订报告、分析问题、评估进度和选项分析	• 从相关方和团队成员处得到的调研结果； • 从沟通中得到的观测记录； • 项目文件	• 根据信息采取及时行动； • 识别风险； • 变更请求； • 项目报告反馈

续表

要素：确保信息质量		要求的指示性技能水平：3	
绩效标准	期　望	证据来源	示　例
提供准确和真实的信息	促进 PMO 和其他相关方参与，对汇报标准进行健康检查、审计和检查。 对经验丰富的项目经理提出额外期望：分享相关信息给项目集经理或高级管理层，用于其他项目或整体项目	• 从相关方和团队成员处得到的调研结果； • 从沟通中得到的观测记录； • 项目文件	• 文件显示已提供事实信息； • 记录有关信息准确性的反馈
寻求信息验证	• 促进 PMO 和其他相关方参与，对汇报标准进行健康检查、审计和检查； • 确保关键决策及其支持信息、适当的分析等被记录	• 从相关方和团队成员处得到的调研结果； • 从沟通中得到的观测记录； • 项目文件	• 主题专家输入的文件（如兴趣小组、专业团体）； • 会议纪要
要素：根据对象裁剪沟通		**要求的指示性技能水平：3**	
绩效标准	**期　望**	**证据来源**	**示　例**
提供相关信息	• 定期对对象进行跟进； • 能够以清晰、简洁的方式有效地总结关键点和问题。 对经验丰富的项目经理提出额外期望：项目经理能够轻松地向不同层级的对象呈现	• 从相关方和团队成员处得到的调研结果； • 从沟通中得到的观测记录	• 记录来自接收方的反馈，确定信息相关性； • 展示较强的呈现能力
使用适合对象的沟通方式	• 进行并定期审查/更新相关方分析； • 定期征求关于沟通的反馈； • 响应问题和疑虑。 对经验丰富的项目经理提出额外期望：反馈很少识别沟通方法中的重大问题	• 从相关方和团队成员处得到的调研结果； • 从沟通中得到的观测记录； • 项目文件	• 在相关方分析中识别出的首选沟通方式； • 会议记录展示了方法选择的合理性； • 相关方对方法选择合理性的反馈
使沟通与环境、场景保持一致	• 利用模板、指南与内部或外部相关方做正式或非正式的沟通； • 经常收集团队和相关方的反馈。 对经验丰富的项目经理提出额外期望：对模板和指南提出反馈，包括基于团队和其他项目使用的经验教训的示例和方法	• 从相关方和团队成员处得到的调研结果； • 从沟通中得到的观测记录； • 项目文件	• 对他人的特定沟通需求和背景的敏感性； • 恰当地使用正式、非正式的口头、非语言或副语言（沟通）组件； • 团队会议、演示的记录； • 有关地点、时间、参与者、隐私设置等各种选项的示例

X3.2.2 领导力

领导力包括指导、动员和激励项目团队成员及其他相关方，以管理和解决问题，从而高效地实现项目目标。

本单元的要素包括：

- 创建提高绩效的团队氛围；
- 建立和维护有效的关系；
- 激励和指导团队成员；
- 承担交付项目的责任；
- 必要时使用影响力技能。

表 X3-12 领导力——个人能力单元

能力要素：创建提高绩效的团队氛围		要求的指示性技能水平：3	
绩效标准	**期　望**	**证据来源**	**示　例**
表达对团队的积极期望	• 定期寻找机会，向个人和高层管理者强调团队成员的成就和能力； • 积极支持相关方、高层管理人员、团队成员做出的决策； • 设定对自我、团队个人、团队整体的期望； • 公开分享对团队和自我的期望	• 从相关方和团队成员处得到的调研结果； • 从沟通中得到的观测记录	• 记录来自团队的关于团队成员认知能力的反馈意见； • 记录来自团队的关于决策支持的反馈意见； • 记录来自团队的关于设定积极期望的反馈意见
推动团队学习，提倡专业和个人的发展	• 为发展计划的准备和使用设定期望； • 经常与个人审查发展计划； • 就发展机会和成就提供深思熟虑的评估； • 就个人职业目标、成长活动展开讨论； • 记录这些讨论，并保持计划的完整性，以便在将来参考和使用； • 经常审查团队成员的技能； • 与个人讨论成果； • 在发展计划中记录已获得的技能和持续发展的技能； • 在学习、专业/个人发展领域，定期就项目经理的教育、影响力和说服团队成员的能力征求反馈； • 审查反馈，识别待发展的领域； • 与团队分享，以便在未来的反馈会议中使用； • 识别高层管理者的职业发展机会； • 推荐候选人； • 制订恰当的资金申请	• 从相关方和团队成员处得到的调研结果； • 从沟通中得到的观测记录； • 项目文件	• 个人发展计划； • 团队成员获得新技能的记录； • 为发展计划筹集资金

续表

能力要素：创建提高绩效的团队氛围		要求的指示性技能水平：3	
绩效标准	**期　望**	**证据来源**	**示　例**
推动团队学习，提倡专业和个人的发展	对经验丰富的项目经理提出额外期望： • 制订多年职业发展计划； • 处理申请以获得资金		
始终如一地鼓励团队协作	• 以身作则，期望每个成员的意见都是重要的、值得尊重的； • 通过团建活动来培养团队协作； • 通过参与规划和执行活动来促进团队参与项目； • 定期征求团队反馈； • 响应问题和疑虑； • 向团队领导传达清晰一致的目标； • 分享来自高层管理者、相关方对团队工作及成就的反馈	• 从相关方和团队成员处得到的调研结果； • 从沟通中得到的观测记录	• 为鼓励团队合作和尊重不同意见、个性而采取的创造性活动的示例； • 确认团队成员获得独特技能、能力的反馈记录； • 识别团队领导的职责，设定清晰一致的目标
以高绩效进行要求并能以身作则	• 确定标准（如计划、流程等），用于团队建立对绩效、质量的期望。 对经验丰富的项目经理提出额外期望（建议根据过去的经验和教训对现有标准进行修订）： • 定期征求团队反馈； • 反馈表明，项目经理表现出对项目和团队的承诺，是一个积极的榜样，达到或者超过了标准； • 设定对团队和单个团队成员的期望； • 认可团队成员的优势和发展领域； • 恰当地分配责任范围，包括延展任务； • 监督进度并定期讨论承诺，以保持对责任的关注	• 从相关方和团队成员处得到的调研结果； • 从沟通中得到的观测记录； • 项目文件	• 个人绩效、质量标准的记录； • 项目经理执行标准的成果记录； • 项目经理以身作则的反馈记录； • 让项目团队成员对他们的承诺负责
能力要素：建立和维护有效的关系		**要求的指示性技能水平：3**	
绩效标准	**期　望**	**证据来源**	**示　例**
将关系限制在与工作相关的事务上，并与项目和当地文化相适应	• 展示项目团队的领导力，在与相关方的互动中遵守规则，行事专业； • 将事实与情绪分开； • 赢得相关方的尊重； • 建立并遵守会议规则和指南； • 为项目团队建立同样的期望	• 从相关方和团队成员处得到的调研结果； • 从沟通中得到的观测记录； • 项目文件	• 与相关方保持正式的工作关系； • 正式和非正式讨论的指南

续表

能力要素：建立和维护有效的关系		要求的指示性技能水平：3	
绩效标准	期　望	证据来源	示　例
与相关方建立信任和信心	• 与相关方建立基于信任、互相尊重的专业关系； • 展现正直并赢得信任，使相关方在困境下仍保持信心	• 从相关方和团队成员处得到的调研结果； • 从沟通中得到的观测记录； • 项目文件	• 正直行事； • 信守承诺； • 提供一致的信息； • 当团队成员遇到不公正的批评时能提供支持； • 保持镇定； • 公平对待所有相关方
创造一个鼓励开放、相互尊重和关心相关方的环境	• 与相关方建立基于信任、互相尊重的专业关系； • 通过沟通驱动项目管理实践； • 定期与相关方沟通，以展示资源可用性； • 经常向团队成员征求有关团队环境方面的反馈； • 响应问题和疑虑	• 从相关方和团队成员处得到的调研结果； • 从沟通中得到的观测记录； • 项目文件	• 相关方对问题分析和解决的开放性的反馈； • 项目经理保持办公室开放，团队成员随时能找到项目经理； • 对他人感受和价值观的敏锐觉察及真正感兴趣的示例； • 公正和基于事实决策的证据记录
能力要素：激励和指导团队成员		要求的指示性技能水平：3	
绩效标准	期　望	证据来源	示　例
建立项目愿景、使命和战略价值，并与团队进行沟通	• 建立清晰的沟通和策略，确保所有团队成员都了解项目愿景、使命及对组织的战略价值； • 就项目对业务的影响、目标的一致性，及团队在实现项目愿景和使命中的作用对团队成员进行教育； • 定期征求团队的反馈； • 响应问题和疑虑	• 从相关方和团队成员处得到的调研结果； • 从沟通中得到的观测记录； • 项目文件	• 演讲要明确关注愿景、使命和战略价值； • 积极支持战略，并能与团队成员分享； • 记录团队对项目战略价值认知的反馈
根据组织的指导方针进行绩效奖励	• 建立并促进奖励和认可项目的实施； • 确保职能经理或高级经理能够意识到个体的高绩效； • 了解项目个体和团队贡献的价值； • 向管理层沟通个体和团队的工作成就	• 从相关方和团队成员处得到的调研结果； • 从沟通中得到的观测记录； • 项目文件	• 奖励和认可的记录； • 为团队成员的成功进行规划； • 对个体取得的成就经常进行庆祝； • 确保个体得到奖励
为团队成员的发展建立指导关系	• 为项目建立导师制度； • 扮演团队成员的导师； • 利用经验教训指导团队以获得最佳解决方案； • 项目经理被认为是能提供有价值和有意义的指导经验的人； • 定期向团队征求关于指导活动的反馈意见； • 响应问题和疑虑； • 与职能经理一起回顾个体绩效，以帮助员工制订发展计划	• 从相关方和团队成员处得到的调研结果； • 从沟通中得到的观测记录； • 项目文件	• 指导关系的示例； • 被寻求作为他人导师的示例； • 对指导活动的反馈记录； • 个体发展计划取得进展的示例

续表

能力要素：承担交付项目的责任		要求的指示性技能水平：4	
绩效标准	期　望	证据来源	示　例
展示对项目的所有权、责任和承诺	• 积极推动团队和相关方参与定期项目回顾； • 定期与团队回顾项目风险，包括识别新出现的风险； • 确保降低风险所需的资源； • 适当地促进和支持，以发展团队成员与高级管理人员/客户之间的关系，同时展示团队问题和结果的所有权	• 从相关方和团队成员处得到的调研结果； • 从沟通中得到的观测记录； • 项目文件	• 积极促进所有相关方和项目团队成员参与项目； • 快速解决可能的项目障碍、延迟或风险问题； • 项目经理为项目中出现的事故负责的报告或会议纪要； • 承担不良后果的所有权
使个人活动和优先事项与提高实现项目目标的可能性保持一致	• 评估和理解实现项目目标所需的活动； • 设立并调整优先级，以便更好地为项目服务； • 使用问题优先级列表，来指导团队的关注点	• 从相关方和团队成员处得到的调研结果； • 从沟通中得到的观测记录； • 项目文件	• 优先级规划记录； • 优先级活动清单； • 积极活动的事件管理
支持并促进团队的行动和决策	• 定期向团队征求有关支持、促进团队行动的反馈，并响应问题和疑虑； • 使项目团队定期参与会议，提供回顾团队活动的论坛； • 获取足够的知识和对团队采取的行动的理解； • 记录团队的行动和决策，以作为团队例会的一部分； • 个人对高级管理层采取的支持行动	• 从相关方和团队成员处得到的调研结果； • 从沟通中得到的观测记录； • 项目文件	• 来自团队成员的反馈表明，项目经理代表他们采取主动行动； • 与项目团队并肩作战，承担工作交付的责任； • 在高层面前能表明立场，支持团队的行动； • 做会议纪要，表明项目经理对团队行动和决策的支持
能力要素：必要时使用影响力技能		**要求的指示性技能水平：2**	
绩效标准	**期　望**	**证据来源**	**示　例**
对相关方和团队成员适当地使用影响力技能	• 展现出如何使用多种方法和方式，来影响相关方和团队成员； • 理解影响力在指导项目团队和相关方取得最佳结果方面的作用。 对经验丰富的项目经理提出额外期望（展现出能够影响管理层和高级相关方的能力）： • 项目文件包括，在项目执行过程中用来获取相关方支持的方法； • 具备直面问题，并以机智、令人尊敬的方式找到解决方案的能力； • 具备将情绪与逻辑分离，并提升方案价值的能力； • 以积极的方式，使用知识、经验教训和团队的失误来教育团队	• 从相关方和团队成员处得到的调研结果； • 从沟通中得到的观测记录； • 项目文件	• 在不同情况下使用不同风格的示例； • 描述用于影响力替代方式的文件； • 具备很强的引导和谈判技能的示例； • 教育团队的能力的示例
借用专家或第三方来说服他人	• 建立影响力网络以支持项目成果； • 接受自己的不足，并根据需要采纳主题专家 SME 的意见； • 展现出为团队和相关方提升项目价值的能力	• 从相关方和团队成员处得到的调研结果； • 从沟通中得到的观测记录； • 项目文件	• 使用他人的职位权力来提升影响力； • 项目经理使用第三方知识权力来提升影响力； • 在建立关系网和收集项目支持时，不是为了个人利益而操作

X3.2.3　管理

管理包括通过调配和使用人力资源、财务资源、物料资源、知识资源和其他无形资源来对项目进行有效管理。

本单元的要素包括：

- 建设和维护项目团队；
- 为项目的成功有组织地规划和管理；
- 解决与项目团队或相关方有关的冲突。

表 X3-13　管理——个人能力单元

要素：建设和维护项目团队		要求的指示性技能水平：3	
绩效标准	**期　望**	**证据来源**	**示　例**
确保团队成员明确期望和责任，并了解他们对项目的重要性	• 就角色和责任定期向团队征求反馈； • 澄清模糊的地方； • 记录项目目标和责任并广泛沟通； • 定期召开团队例会、简报、回顾和一对一会议； • 制订个人范围和任务计划； • 向团队沟通整个项目范围和个人计划； • 在项目开始阶段建立责任分配矩阵（RAM），并在整个项目阶段进行维持； • 定期组织团队会议和简报，邀请每位成员参与活动讨论； • 按需举办一对一会议	• 从相关方和团队成员处得到的调研结果； • 从沟通中得到的观测记录； • 项目文件	• 来自项目团队的有关澄清角色和职责的反馈记录； • 团队通信； • 项目指示、任务和工作分配的文件记录； • 发布的资源分配矩阵； • 每位团队成员积极参与团队活动
在团队成员之间保持积极的态度和高效的关系	• 解决或引导冲突解决； • 支持团队领导和成员实现他们的目标； • 定期向团队征求有关团队的态度和效率的反馈； • 响应问题和疑虑； • 了解团队关系的重要性； • 创造和寻求机会，以促进团队内的协作； • 积极寻求并找到奖励团队的机会	• 从相关方和团队成员处得到的调研结果； • 从沟通中得到的观测记录	• 有效解决冲突的示例； • 理性尊重他人； • 真正重视团队中其他人的意见和专业知识； • 愿意向他人学习； • 团队活动的示例，以促进团队内部的凝聚和融洽； • 为团队合作和成就进行庆祝

续表

要素：建设和维护项目团队		要求的指示性技能水平：3	
绩效标准	**期　望**	**证据来源**	**示　例**
识别、评估和选择内部及外部的人才	• 理解并记录项目当前和未来的人力资源需求； • 建立人才网络以满足当前和未来的人力资源需求。 对经验丰富的项目经理提出额外期望： • 与项目集经理一起从项目和组织外部构建人才网络； • 使用标准方法确定项目的人才需求； • 展现能确定项目需求并匹配人力资源池的能力	• 从相关方和团队成员处得到的调研结果； • 从沟通中得到的观测记录； • 项目文件	• 项目资源需求文件； • 从内部人才库中识别的合适的团队成员清单； • 事先定义的获取资源的选择标准
促进健康的工作与生活的平衡	• 发展并促进有益于团队成员健康的工作与生活平衡的文化和环境，并保持个人绩效； • 经常向团队征求反馈； • 响应问题和疑虑； • 定期调查团队，以了解消耗太多时间的活动、替代方法及提高效率的建议； • 就收到的意见给团队提供反馈	• 从相关方和团队成员处得到的调研结果； • 从沟通中得到的观测记录； • 项目文件	• 记录为了获取平衡而采取的行动计划； • 记录平衡问题的会议纪要； • 为了提升工作效率、生产率而采取的行动示例
要素：为项目的成功有组织地规划和管理		**要求的指示性技能水平：3**	
绩效标准	**期　望**	**证据来源**	**示　例**
与他人一起清晰地识别项目范围、角色、期望和任务说明	• 在规划过程从团队和相关方处收集反馈； • 响应问题和疑虑	• 从相关方和团队成员处得到的调研结果； • 从沟通中得到的观测记录	有关团队其他人员在规划过程中的参与程度的反馈
将组织或行业标准和被普遍接受的实践应用于项目	• 建立适合项目的治理和质量标准； • 使用 PMO 和/或公司标准； • 向团队、相关方和主题专家（SME）就使用的实践方法征求反馈意见； • 响应问题和疑虑； • 裁剪公司或 PMO 标准以符合或超过相关方期望； • 制订基于 PMI、行业和企业标准的项目计划。 对经验丰富的项目经理提出额外期望：使用过去的经验教训作为项目计划的输入	• 从相关方和团队成员处得到的调研结果； • 从沟通中得到的观测记录； • 项目文件	• 有关项目团队、相关方和主题专家遵循被行业普遍接受的实践的示例和反馈； • 拟议措施和改进方案，旨在达到或超过被行业普遍接受的实践； • 包含了行业标准的项目计划
为了项目成功完成，适当裁剪被普遍接受的实践方法	• 裁剪公司或 PMO 标准以满足或超过相关方期望； • 使用与项目相关的主题专家（SME）。 对经验丰富的项目经理提出额外期望： 建议基于经验教训和最佳做法来裁剪程序	• 从相关方和团队成员处得到的调研结果； • 从沟通中得到的观测记录； • 项目文件	• 对被普遍接受的实践方法进行修改的记录； • 批准对项目管理程序的变更，以适应被普遍接受的实践

续表

要素：为项目的成功有组织地规划和管理		要求的指示性技能水平：3	
绩效标准	期　望	证据来源	示　例
对项目信息进行组织，强调适当的细节水平	• 方法论与 PMI 和/或 PMO/公司政策相一致； • 获取或授权获取关键项目信息； • 开发和使用数据库、文件来获取信息	• 从相关方和团队成员处得到的调研结果； • 从沟通中得到的观测记录； • 项目文件	项目使用的标准方法论示例： • 会议纪要； • 项目状态报告或更新； • 项目工件的知识库； • 知识管理的示例
坚持遵守流程、程序和政策	• 对流程、程序和政策的合规性进行审计和审查； • 建立、更新和使用关键绩效指标； • 定期与团队审查指标； • 与项目集经理共享相关信息，以用于其他项目和整个项目集； • 审查项目审计的结果，与团队一起审核并讨论缺陷和改进机会	• 从相关方和团队成员处得到的调研结果； • 从沟通中得到的观测记录； • 项目文件	• 监督流程、程序和策略的合规性； • 执行政策和流程的示例； • 项目管理所使用的绩效指标的记录
要素：解决与项目团队或相关方有关的冲突		要求的指示性技能水平：3	
绩效标准	期　望	证据来源	示　例
确保团队和相关方完全知晓团队规则	在项目启动时根据 PMO 或组织标准建立项目政策、流程和程序	• 从相关方和团队成员处得到的调研结果； • 从沟通中得到的观测记录； • 项目文件	团队规则的记录
识别冲突	• 解决或促进消除项目中出现的冲突； • 识别潜在冲突的领域并寻求将其最小化； • 定期向团队征求有关冲突解决的反馈意见； • 响应问题和疑虑	• 从相关方和团队成员处得到的调研结果； • 从沟通中得到的观测记录； • 项目文件	• 项目中发生冲突的示例； • 团队调研结果； • 问题日志
解决冲突	• 定期向团队征求有关冲突解决的反馈； • 响应问题和疑虑	• 从相关方和团队成员处得到的调研结果； • 从沟通中得到的观测记录	• 所使用的冲突解决技术的示例； • 就冲突解决的满意程度征求团队和相关方反馈

X3.2.4　认知能力

认知能力是指在变化及发展的环境中，通过使用适当程度的感知力、洞察力和判断力来有效地指导项目。

本单元的要素包括：

- 对项目进行全面了解；
- 有效处理争议并解决问题；
- 使用适合的项目管理工具和技术；
- 寻求改善项目成果的机会。

表 X3-14　认知能力——个人能力单元

要素：对项目进行全面了解		要求的指示性技能水平：3	
绩效标准	**期　望**	**证据来源**	**示　例**
了解项目相关方的需求、利益，以及对项目成功的影响	• 分析项目相关方，制定适当的沟通策略，根据需要让他们参与以确保项目成功； • 基于对相关方的分析和输入，制订沟通计划，包括会议和汇报； • 寻求相关方的意见，确保恰当地获取他们的需求和目标	项目文件	• 相关方分析； • 与相关方需求保持一致的沟通计划； • 在项目章程和计划中记录的相关方需求和目标
了解项目行为如何影响项目的其他领域、其他项目和组织环境	• 在分析特定问题和选择，以确定采取何种适合的行动时，要考虑项目的目标和目的。 对经验丰富的项目经理提出额外期望： • 与项目集经理共享相关信息，以用于其他项目和整个项目集； • 能够理解和评估项目对组织的关系和影响； • 评估“项目对项目”及“项目对项目集”的关系和影响，并给项目集经理提供合理的建议	• 从沟通中得到的观测记录； • 项目文件	• 将外部事件与项目执行关联起来； • 项目对组织环境影响的记录
理解正式和非正式的组织结构	• 在相关方之间建立影响力网络； • 定期征求相关方的反馈意见； • 响应问题和疑虑	• 从相关方和团队成员处得到的调研结果； • 从沟通中得到的观测记录	项目经理使用正式或非正式的组织知识
了解组织政治	• 在相关方之间建立影响力网络； • 定期征求相关方的反馈意见； • 响应问题和疑虑	• 从相关方和团队成员处得到的调研结果； • 从沟通中得到的观测记录	项目经理能够在组织政治中运作
使用情商来理解、解释别人过去的行为和当前的态度，并预见未来的行为	• 具有定期向团队征集他们相互理解、有效互动的能力；利用过去的经验和情商，预测、化解情境行为，并为团队中的个人提供指导。 • 识别关键人物的个性和特点，以匹配相应的说服和激励技巧	• 从相关方和团队成员处得到的调研结果； • 从沟通中得到的观测记录	• 项目经理能够获取团队口头和非口头的线索； • 项目经理展现恰当的行为； • 项目经理适当地为每个人选择并应用说服和激励技巧
要素：有效处理争议并解决问题		**要求的指示性技能水平：3**	
绩效标准	**期　望**	**证据来源**	**示　例**
降低问题的复杂性以便进行完整而准确的分析	• 展现出理解、描述和解释项目相互依赖关系的能力； • 有能力评估、开发用来解决复杂问题的可视化辅助工具，并定义明确的问题解决步骤	• 项目文件； • 从沟通中得到的观测记录	• 项目问题及相互关系的可视化表示（如清单、图表、关系图等）； • 采用分解技术把复杂的问题进行拆分，以找到解决方案的分析文件

续表

要素：有效处理争议并解决问题		要求的指示性技能水平：3	
绩效标准	**期　望**	**证据来源**	**示　例**
根据需要使用复杂的概念或工具	在必要时让主题专家（SME）、项目团队参加，并采用特定的技术，同时对问题日志进行适当的维护，以发现问题、分析和找到解决问题的途径	项目文件	• 问题日志提供了用于分析复杂问题的方法； • 有关根本原因分析、项目组合分析、专家判断等内容的记录； • 解决问题的辅助分析记录
运用所学教训解决当前项目问题	文件回顾；定期更新经验教训的记录	项目文件	将经验教训应用于当前项目问题的记录
汇集多个相关问题以了解全局	• 在分析具体项目问题时考虑项目目标和总体结果，并确定采取适当行动的方案； • 展示项目知识，以识别与特定问题相关的有关趋势	项目文件	总结报告或项目记分卡概述了问题之间的关系和联系
观察项目数据中的偏差、趋势和相互关系	• 识别、质疑项目数据中的差异；在必要时使用判断方法申请对数据进行验证； • 分析项目指标并采取必要的行动	• 从沟通中得到的观测记录； • 项目文件	• 信息验证和确认的请求； • 趋势分析的记录
要素：使用适合的项目管理工具和技术		**要求的指示性技能水平：4**	
绩效标准	**期　望**	**绩效标准**	**期　望**
理解项目管理工具和技术	知道并理解企业和行业的标准、工具和技术	• 项目文件	可选的工具和/或技术清单
选择合适的工具和/或技术	根据既定流程定义一套工具和技术，以支持成功项目的绩效	• 项目文件	• 选择的工具和/或技术清单； • 记录选择过程和结果
在项目管理中使用所选择的工具和/或技术	实现成功的项目成果取决于所选工具和技术的使用	• 从相关方和团队成员处得到的调研结果 • 从沟通中得到的观测记录	通过使用工具和/或技术所取得的成果
要素：寻求改善项目成果的机会		**要求的指示性技能水平：3**	
绩效标准	**期　望**	**绩效标准**	**期　望**
为寻找机会和解决疑虑提供指导框架	• 建立一个框架，以识别和解决问题、改进机会，并授权团队使用； • 利用团队成员的意见，填入风险、机会和问题跟踪。 对经验丰富的项目经理提出额外期望： • 与项目集经理共享信息，以用于其他项目和整体项目集	• 从沟通中得到的观测记录 • 项目文件	• 发送给所有项目团队成员的问题、相关机会和疑虑的清单，以及一个明确的沟通更新流程； • 维护当前的问题日志，而且就其中的变更和增加的内容与所有相关方进行沟通； • 在会议纪要中记录了所识别的问题及针对问题的解决方案； • 将行动方案和获得的结果进行比较
寻求有关提升项目价值或执行方面的机会	• 建立一个框架，以识别和解决问题、改进机会，并授权团队使用； • 利用团队成员的意见，填入风险、机会和问题跟踪。 对经验丰富的项目经理提出额外期望： • 展示其利用机会使得项目得以改进的历史记录	• 从沟通中得到的观测记录； • 项目文件	• 风险登记册显示了相应的机会； • 从头脑风暴、会议等集体讨论的会议纪要中识别了新的机会； • 记录项目中的建议、采取的与结果相关的行动

续表

要素：寻求改善项目成果的机会		要求的指示性技能水平：3	
绩效标准	期　望	绩效标准	期　望
当相关机会出现的时候，能够抓住它	维护文件，记录有关帮助项目发起人识别、推荐改进方案所采取的行动	• 从相关方和团队成员处得到的调研结果； • 从沟通中得到的观测记录； • 项目文件	• 有关机会分析的会议纪要； • 变更控制流程的输入； • 在项目的演变过程中，与机会出现时刻相关的示例
整合机会，并将其传递给组织	• 维护文件，记录为项目集带来增值的机会； • 展示具备分析机会，以及排序证据和选择对组织识别有最大潜力的机会的能力	• 从相关方和团队成员处得到的调研结果； • 从沟通中得到的观测记录； • 项目文件	• 有关项目机会的电子邮件、会议记录和其他通信工件； • 向客户或内部相关方提交的书面建议书表明，为跟进已识别的机会附加了价值； • 识别和跟进的机会数量

X3.2.5　高效

高效是指通过在所有项目管理活动中使用合适的资源、工具和技术来产生期望的结果。

本单元的要素包括：

- 解决项目问题；
- 保持相关方的参与度、积极性和支持；
- 按照要求的速度进行变更，以满足项目需求；
- 必要时展现自信。

表 X3-15 高效——个人能力单元

要素：解决项目问题		要求的指示性技能水平：3	
绩效标准	**期望**	**证据来源**	**示例**
采用合适的问题解决技术	• 建立记录解决方案的问题日志，并包括评估解决方案有效性的标准； • 相关方的反馈表明，就使用的技术与工具达成了一致	• 项目文件 • 从相关方和团队成员处得到的调研结果； • 从沟通中得到的观测记录	• 带有解决方案文件的问题日志 • 就问题的解决技术达成一致； • 项目经理使用适当的知识管理工具
验证提议的方案是否解决了问题且没有超出项目边界	审核团队负责人和成员的建议和分析，接受或修改有适当理由的建议	• 从相关方和团队成员得到的调查结果； • 从沟通中得到的观测记录	项目经理使用了适当的知识管理工具
	建立问题日志以记录方案，表明方案在项目范围内，并包括评估方案的标准	• 项目文件	带有解决方案文件的问题日志
	项目问题被充分和妥善地解决。在反馈中极少要求项目经理解决未解决的疑虑和问题	• 从相关方和团队成员处得到的调研结果； • 从沟通中得到的观测记录	相关方对问题解决的同意意见
选择能够使项目收益最大化、项目负面影响最小化的解决方案	项目问题被充分妥善地解决；反馈中极少要求项目经理解决未解决的疑虑和问题	• 从相关方和团队成员处得到的调研结果； • 从沟通中得到的观测记录	相关方对问题解决的同意意见
	评估项目方案实施后的有效性。 对经验丰富的项目经理提出额外期望： • 与项目集经理共享可用于其他项目或整个项目集的相关成果和教训	• 从相关方和团队成员处得到的调研结果； • 从沟通中得到的观测记录； • 项目文件	• 记录了解决方案对项目的影响； • 记录了解决方案对外部和/或环境产生的影响
要素：保持相关方的参与度、积极性和支持		**要求的指示性技能水平：3**	
绩效标准	**期望**	**证据来源**	**示例**
通过与相关方的沟通来保持相关方的积极性	定期举办专题讨论会与相关方互动，包括各种正式和非正式媒介。对问题和疑虑做出响应	• 从相关方和团队成员处得到的调研结果； • 从沟通中得到的观测记录； • 项目文件	• 沟通计划； • 更新相关方分析； • 相关方感到有动力
不断寻找机会，就项目状况、方向与相关方进行沟通，以期满足相关方的需求和期望	• 定期举办专题讨论会与相关方互动，包括各种正式和非正式媒介； • 对问题和疑虑做出响应； • 反馈表明沟通是可以接受的，并且正在满足需求	• 从相关方和团队成员处得到的调研结果； • 从沟通中得到的观测记录	• 项目经理抓住机会沟通项目状态的示例； • 来自相关方的反馈，表明他们的需求得到了满足
引入专家参加会议和讨论，从而影响并获取相关方的支持	• 在相关方之间建立影响力网络； • 引入主题专家以增强信任； • 记录主题专家参与的项目，并给予共识与支持	• 从相关方和团队成员处得到的调研结果； • 从沟通中得到的观测记录； • 项目文件	• 在一些问题上取得共识和支持； • 主题专家受邀为相关方提供咨询的会议纪要

续表

要素：保持相关方的参与度、积极性和支持		要求的指示性技能水平：3	
绩效标准	**期　望**	**证据来源**	**示　例**
以客观性达成共识	• 与团队、相关方在互相尊重和信任的基础上建立专业的关系； • 证明决策基于事实和逻辑； • 拥有了解个人、团队行为的记录并加以利用，以获得最优解决方案	• 从相关方和团队成员处得到的调研结果； • 从沟通中得到的观测记录	• 使用最佳实践进行团队决策的记录； • 影响有偏见的团队成员趋向客观立场的示例
要素：按照要求的速度进行变更，以满足项目需求		**要求的指示性技能水平：3**	
绩效标准	**期　望**	**证据来源**	**示　例**
适应项目环境的变化，把对项目的负面影响降到最小	• 适应变化； • 响应问题和疑虑	• 从相关方和团队成员处得到的调研结果； • 从沟通中得到的观测记录	• 尽管有变化，项目经理仍然表现出“能做”的态度
	建立定期分析风险的论坛；审查风险登记册中把不利影响最小化的风险减轻活动及文件	• 项目文件	记录风险减轻活动
展示有益于项目变更的灵活性	• 进行持续的审查、分析和变更以支持项目成果； • 征集团队成员意见以填入风险、机会和问题； • 优先考虑并选择可能影响项目的机会。 对经验丰富的项目经理提出额外期望： • 针对可能影响其他项目的风险和机会，向项目集经理提供建议	• 项目文件	• 在识别出新的机会后，更新风险登记册； • 机会分析记录； • 变更请求
采取积极行动，抓住机会或解决目前的问题	• 采用持续的审查、分析和变更以支持项目成果； • 使相关方参与机会分析	• 从相关方和团队成员处得到的调研结果； • 从沟通中得到的观测记录	项目经理展现了以行动为导向的主动方法
	从项目文件中获取有关重大问题的解决方案，用于未来参考和当作经验教训。 对经验丰富的项目经理提出额外期望： • 利用过去的经验和教训指导问题的解决	• 从相关方和团队成员处得到的调研结果； • 从沟通中得到的观测记录	项目经理解决重大问题
	积极促进项目资源库的使用，以应对实时变化	• 项目文件	项目库及相关技术文件，以及在项目执行期间使用的技术或方法
通过促进持续学习，创建变革友好型环境	• 积极推动团队和个人发展，并将其作为项目文化的一部分； • 与职能经理合作，为个人推荐个人发展机会	• 项目文件	向团队成员推荐培训的记录
	确保个人发展计划，并制定项目时间表，以便有足够的时间进行发展和调查	• 项目文件	项目进度计划包括团队成员研究新解决方案、情境或技术的时间

续表

要素：按照要求的速度进行变更，以满足项目需求		要求的指示性技能水平：3	
绩效标准	**期　望**	**证据来源**	**示　例**
通过促进持续学习，创建变革友好型环境	积极促进项目资源库的使用，以应对实时变化	• 项目文件	项目库及相关技术文件，以及在项目执行期间使用的技术或方法
充当变更推动者	• 对已创建和使用的项目进行变更； • 项目经理响应问题和疑虑	• 从相关方和团队成员处得到的调研结果； • 从沟通中得到的观测记录； • 项目文件	相关方的反馈表明项目经理已适当启动或促进变更
	相关方的反馈很少要求项目经理就问题和疑虑做出响应	• 从相关方和团队成员处得到的调研结果； • 从沟通中得到的观测记录	项目经理表现出积极、自尊和自信
要素：必要时展现自信		**要求的指示性技能水平：2**	
绩效标准	**期　望**	**证据来源**	**示　例**
必要时能主动采取行动，承担一定的风险，以加速项目交付	• 项目经理主动采取行动推动项目； • 响应问题和疑虑	• 从相关方和团队成员处得到的调研结果； • 从沟通中得到的观测记录	来自相关方的有关项目经理在必要时主动采取行动的反馈
	记录问题和解决方案的及时性	• 项目文件	• 记录解决方案的问题日志； • 问题升级报告显示了及时的决策路径
防止没有结论的讨论，制订决策，采取适当的行动	为了团队利益能够巧妙地拒绝或重新引导没有结论的建议，并愿意为推动项目做出简明的决策。 对经验丰富的项目经理提出额外期望：利用过去的经验和教训来辅助决策的能力	• 从相关方和团队成员处得到的调研结果； • 从沟通中得到的观测记录	• 团队成员对所采取行动的反馈； • 项目经理能够在不引起争议的情况下拒绝提案，同时保持合作； • 项目经理能够通过评估现状和果断行动来处理危机
在行动中体现持久性与一致性	项目经理能够响应问题，不会对问题置之不理	• 从相关方和团队成员处得到的调研结果； • 从沟通中得到的观测记录	来自相关方的反馈表明，项目经理展示了持久性和一致性的特质
	建立定期论坛，及时推动有关问题的决策，以满足相关方的需求	• 项目文件	会议纪要、行动条目记录和显示所做决策的状态报告
	无论项目环境如何，在整个项目阶段都能激励大家	• 从相关方和团队成员处得到的调研结果； • 从沟通中得到的观测记录	项目经理在面对挑战时保持积极性
在管理不确定性时，依据事实做出及时决策	• 基于信息和适当的分析，及时决策与沟通； • 不会无视或忽略风险和问题； • 问题记录展示了处理问题的及时性； 对经验丰富的项目经理提出额外期望：利用过去的经验和教训帮助决策	• 从相关方和团队成员处得到的调研结果； • 从沟通中得到的观测记录； • 项目文件	• 决策备忘录或决策分析文件展示了，对问题的客观分析和及时决策； • 问题日志显示从记录到解决的时间； • 问题升级报告显示了及时的决策路径

X3.2.6 职业精神

在项目管理实践中，在责任、尊重、公平和诚实等方面能够遵守职业道德。

本单元的要素包括：

- 对项目的承诺言出必行；
- 做事诚实正直；
- 正确应对个人和团队所处的逆境；
- 管理多元化的员工队伍[1]；
- 客观解决个人和组织争议。

表 X3-16 职业精神——个人能力单元

要素：对项目的承诺言出必行		要求的指示性技能水平：3	
绩效标准	**期　望**	**证据来源**	**示　例**
理解并积极支持项目及组织的使命与目标	基于企业使命与目标定义项目目标。 对经验丰富的项目经理提出额外期望：为项目发起人、项目集经理识别项目的改进之处以供其参考	• 项目文件	• 使项目的目的、目标与组织的使命及发展战略保持一致； • 项目活动能够支持组织目标
	即使面对不同的个人偏好，也有能力引导团队朝着组织的方向发展	• 从相关方和团队成员处得到的调研结果； • 从沟通中得到的观测记录	当项目的目标与个人偏好不同时，给予支持的示例
与所有相关方合作，实现项目目标	• 与相关方建立基于信任、互相尊重的专业关系； • 展示出设定共同目标，并且帮助团队和相关方协调一致的能力	• 从相关方和团队成员处得到的调研结果； • 从沟通中得到的观测记录	通过具体合作来努力实现项目的目标
	展示出在项目生命周期的相关阶段通过提供充分的支持、指导，将团队发展成高绩效团队的能力	• 从相关方和团队成员处得到的调研结果； • 从沟通中得到的观测记录	使用团队建设技术，以促进合作
在必要时做出牺牲以推动项目前进	展示出将个人利益与整个项目集收益区分开的能力。 对经验丰富的项目经理提出额外期望：向项目集经理展示对另一个项目或整个项目集有益的地方	• 从相关方和团队成员处得到的调研结果； • 从沟通中得到的观测记录； • 项目文件	采取行动以有效执行项目，同时把个人利益放在较低优先级
	展示出不把挫折看得太重，继续推动项目以获取积极的整体成果的能力	• 从相关方和团队成员处得到的调研结果； • 从沟通中得到的观测记录	在面对项目挑战时保持积极的态度

1 英文原版此处有此点，但英文原版的表 X3-16 中没有此点内容。

续表

要素：做事诚实正直		要求的指示性技能水平：4	
绩效标准	**期　　望**	**证据来源**	**示　　例**
遵守所有法规	• 当未充分理解法律边界时，请律师和主题专家参与； • 确保团队了解，能通过沟通渠道解决法律问题的能力和权力	• 从相关方和团队成员处得到的调研结果； • 从沟通中得到的观测记录	符合所有法律要求
	在项目启动时识别和记录法律要求；获取所有相关方的认可和批准	项目文件	相关方书面批准的适用于项目的法律要求日志
在公认的道德标准范围内工作	• 在项目文件定义的道德标准范围内实施项目； • 聘请独立的主题专家处理问题和关注点； • 确保团队了解，能通过沟通渠道解决道德问题的能力和权力	• 从相关方和团队成员处得到的调研结果； • 从沟通中得到的观测记录； • 项目文件	项目经理确保在项目中遵守道德标准。 项目经理既不提供也不接受来自任何相关方的不当支付或其他物件
试图避免，以及向所有相关方公开任何可能的利益冲突	• 完整、真实地报告潜在的利益冲突； • 确保团队了解，能通过沟通渠道解决问题和关注点的能力和权力	• 从相关方和团队成员处得到的调研结果； • 从沟通中得到的观测记录	真实地报告潜在的利益冲突
	• 确保组织利益冲突（OCI）说明书和 OCI 计划融入项目策略	项目文件	组织利益冲突（OCI）说明书和 OCI 计划
保持和尊重敏感信息的保密性	具备处理机密事件，以及对问题和关注点进行响应的能力	• 从相关方和团队成员处得到的调研结果； • 从沟通中得到的观测记录	项目经理要保守机密
	使用包含基于最终用途的具备适当机密性、导出或安全性分类的数据模板。 对经验丰富的项目经理提出额外期望：根据团队和其他项目的经验教训，提供有关模板的反馈	项目文件	包含机密或安全级别分类提示的项目文件[如保密协议（NDA）]
尊重他人的知识产权	• 确保重复使用项目文件，以及保护知识产权的协议被纳入项目政策、流程和程序； • 在项目启动阶段引入律师/主题专家来定义知识产权	项目文件	受保护的知识产权的复用协议。 搜索可能适用的专利、商标或版权
	引入律师/主题专家以确保尊重版权，并根据项目要求使用知识产权	项目文件	当使用了受保护的知识产权时，版权声明应指明来源

续表

要素：正确应对个人和团队所处的逆境			要求的指示性技能水平：3
绩效标准	**期　望**	**证据来源**	**示　例**
在各种情况下都能保持自我控制，并冷静地响应	具备处理困境的能力；响应问题和疑虑	• 从相关方和团队成员处得到的调研结果； • 从沟通中得到的观测记录	• 项目经理感受到强烈的情绪（如愤怒或极度沮丧）但能控制它们的时刻； • 使用压力管理方法来控制情绪，防止失控，并缓解个人和其他项目成员的持续压力； • 项目经理表现出自我控制力
承认缺点，并明确会承担失败的责任	• 自我识别和问题解决； • 展示自我意识，对问题或失败勇于承担责任	• 从相关方和团队成员处得到的调研结果； • 从沟通中得到的观测记录	• 项目经理积极听取建设性反馈并采取措施； • 项目经理为失败承担责任
从失败中学习，从而提高未来的绩效	建立和定期开展专题研讨会，以审查和更新经验教训	项目文件	记录经验教训
	公开交流需发展的领域和正在采取的行动	• 从相关方和团队成员处得到的调研结果； • 从沟通中得到的观测记录	项目经理从失败中学习
	• 自我反思行动的适当性和有效性； • 在处理疑虑事项、发展领域方面具有透明度	• 从相关方和团队成员处得到的调研结果； • 从沟通中得到的观测记录	个人分析自己的表现，以了解错误和失败原因的示例
在项目环境中建立信任和尊重的要素	在信任和相互尊重的基础上与相关方建立专业的关系，这在日常的工作中是显而易见的	• 从相关方和团队成员处得到的调研结果； • 从沟通中得到的观测记录	项目经理表现出对文化差异的认知、尊重和包容
	• 认可和奖励团队； • 与管理层和客户一起，推动项目团队成员取得积极的成就	• 从相关方和团队成员处得到的调研结果； • 从沟通中得到的观测记录	团队庆祝取得的成就
确保团队能遵守文化习俗、法律要求和道德价值观	• 为项目团队设定遵守组织道德标准的期望； • 根据组织文化建立和推动尊重、讲道德的文化。 对经验丰富的项目经理提出额外期望：基于过去的经验和教训，为团队提供示例以增进理解	项目文件	描述道德标准和相关方价值体系的文件
	• 在与团队、相关方的日常互动中遵循行为准则和高标准； • 让团队对相同的高标准担责	• 从相关方和团队成员处得到的调研结果； • 从沟通中得到的观测记录	项目经理始终表现出良好的道德和行为
	在项目初始阶段引入项目集管理资源和主题专家，以确保项目计划与适用标准、法规保持一致	项目文件	有关项目适用的法律、标准和当地风俗的分析文件

续表

要素：客观解决个人和组织争议			要求的指示性技能水平：3
绩效标准	**期　望**	**证据来源**	**示　例**
尊重个体、种族和文化的差异	• 建立和推动有关尊重、讲道德的组织文化； • 了解团队和相关方的个体、种族和文化的多样性，以便在安排讨论会和沟通时促进相互包容	• 从相关方和团队成员处得到的调研结果； • 从沟通中得到的观测记录	项目经理尊重个体、种族和文化差异
	• 项目经理对个体性格、沟通风格能给予理解； • 采用适当的方法征求每个团队成员的意见	• 从相关方和团队成员处得到的调研结果； • 从沟通中得到的观测记录	项目经理重视每个团队成员的贡献
创建充满信心和尊重个体差异的环境	• 建立和推动有关尊重、讲道德的组织文化； • 积极体现相关方的个体、种族和文化差异，以便团队成员了解并习以为常	• 从相关方和团队成员处得到的调研结果； • 从沟通中得到的观测记录	团队对项目经理尊重个体差异有信心
	理解个体性格和优势，并创造不同的环境，使得/激发团队成员能够达到最佳状态	• 从相关方和团队成员处得到的调研结果； • 从沟通中得到的观测记录	项目经理创造条件使得/激发团队成员做出最大的贡献
尊重项目管理的组织框架	• 建立和执行与 PMO 一致的标准、流程； • 根据组织文化建立和推动尊重、讲道德的文化； • 承认并尊重其他项目经理的权威	• 从相关方和团队成员处得到的调研结果； • 从沟通中得到的观测记录； • 项目文件	• 项目经理尊重组织建立的管理框架； • 项目经理遵从项目集或项目组合中的协作与汇报规则
平衡个人利益和组织利益	能平衡个人利益和组织利益；对问题与关注点予以响应	• 从相关方和团队成员处得到的调研结果； • 从沟通中得到的观测记录	项目经理能明辨个人利益和组织利益的区别
	项目经理持有 PMP®认证，始终表现出与该称号相一致的专业性	• 从相关方和团队成员处得到的调研结果； • 从沟通中得到的观测记录； • 项目文件	项目经理遵守 PMI 道德标准
以无偏见的方式为团队成员分配适当的任务	• 与职能经理一起，并结合自己的观察，评估和识别项目团队成员的优缺点； • 指定责任范围，包括一些扩展任务	项目文件	• 技能评估文件指出了每个团队成员的优势和弱势； • 责任分配矩阵与团队成员技能评估相一致； • 在委派人员任务时，使团队成员通过挑战现状而得到成长的示例

附录 X4　项目集经理

X4.1　项目集经理绩效能力单元

X4.1.1　项目集和战略一致性

项目集战略一致性的重点放在以下三个方面：1）确保企业和项目集计划的链接；2）定义、维持和验证项目集价值主张；3）项目集管理与企业运营管理保持一致。

本单元的要素包括：

- 项目集和组织战略保持一致；
- 制定项目集路线图；
- 评估环境。

表 X4-1 项目集和战略一致性——项目集经理绩效能力

要素：项目集和组织战略保持一致			
绩效标准	**期　望**	**证据来源**	**示　例**
理解和应用组织战略愿景	能理解组织战略愿景，并将项目集与其成果进行对应来服务于组织战略	演讲、会议、项目集章程、项目集商业论证、项目集愿景、项目集使命、项目集目的与目标	演示、会议纪要、相关方的反馈文件。证据来源部分说明了项目集成果如何服务组织战略愿景和目标
项目集和组织战略愿景保持一致	项目集显然与组织战略愿景保持一致	演讲、会议、项目集章程、项目集商业论证	演示、会议纪要、相关方的反馈文件。证据来源部分说明了项目集成果如何服务组织战略愿景和目标
了解项目集环境	项目集考虑了各种环境因素，并对相关方之间的问题、制约条件、风险和/或其他考虑因素有清晰的理解	环境分析、项目集章程、项目集商业论证、项目集计划、项目集路线图	演示、会议纪要、相关方的反馈文件。证据来源清楚地反映了与项目集和扩展环境相关的任何制约条件、机会、风险和/或其他考虑因素
要素：制定项目集路线图			
绩效标准	**期　望**	**证据来源**	**示　例**
制定项目集路线图、计划和商业论证文件	完成项目集相关文件，并签收	项目集路线图、计划和商业论证	路线图、项目集计划、商业论证都是全面的，包括了所有组件，表明战略和战略效益的一致性，并由相关方签收
沟通项目集路线图及所有相关组件	项目集路线图是全面的，并且项目集相关方（包括各环节负责人）对其有清晰的理解	会议、电话会议、对相关方的说明会、项目集路线图	演示、会议纪要、相关方的反馈文件和项目集路线图都具可读性且条理清晰 / 全面及简洁
要素：评估环境			
绩效标准	**期　望**	**证据来源**	**示　例**
了解组织内外的环境影响	与所有相关方就影响项目集的环境因素进行沟通	演讲、电话会议、与相关方的会议、项目集章程、项目集商业论证、项目集计划、项目集路线图	演示、会议纪要、相关方的反馈文件。证据来源清楚地反映了与项目集和扩展环境相关的任何制约条件、机会、风险和/或其他考虑因素
进行环境分析	对内外部环境进行全面、有效的分析，包括对项目集计划和路线图的影响分析	环境分析、比较优势分析、可行性研究、SWOT 分析、假设分析、项目集章程、项目集商业论证、项目集计划和项目集路线图	分析文件、相关演示、会议纪要、相关方的反馈意见。证据来源清楚地反映了与项目集和扩展环境相关的任何制约条件、机会、风险和/或其他考虑因素

X4.1.2 项目集效益管理

项目集效益管理将项目集相关方的关注重点放在项目集持续期间开展的各种活动所交付的成果上。

本单元的要素包括：

- 确定项目集效益；
- 分析并规划项目集效益；
- 交付项目集效益；
- 移交项目集效益；
- 确保项目集效益维持。

表 X4-2 项目集效益管理——项目集经理绩效能力

要素：确定项目集效益			
绩效标准	期　望	证据来源	示　例
定义项目集的目标和关键成功因素	带领并协调项目集目标和关键成功因素的定义及文件编制	项目集目标和关键成功因素的相关文件、项目集商业论证、效益登记册、效益实现计划	项目集效益和关键成功因素的相关文件包括具体、可量化的细节；对商业效益进行识别和量化；设计有意义的测量指标和关键绩效指标来衡量效益的实际交付情况；建立相应的流程来衡量效益实现计划中效益的实现情况；设立沟通流程来记录项目集进展并向相关方汇报
识别、限定与量化项目集的商业效益	带领并协调项目集商业效益的定义及文件编制	效益登记册	效益登记册的适当格式包括： • 所有者； • 当前测量值； • 目标测量值； • 日期； • 效益所有者
制定适当的指标来衡量交付的效益	带领并协调相关指标的定义和文件编制，以此来衡量项目集商业效益的交付	指标文件、效益登记册	指标文件包括以下指标： • 具体的； • 可量化的； • 可实现的； • 相关的； • 时限性的
建立流程来衡量效益实现计划的进展	带领并协调相关流程的定义和文件编制，以衡量项目集商业效益实现计划的达成情况	指标文件、效益登记册	建立相关流程来衡量效益实现计划的实现情况；设立沟通流程来记录项目集进展并向相关方汇报
编写有关项目集进展的适当的状态报告	带领并协调已有指标的报告流程的定义和文件编制，以对照效益实现计划衡量项目集商业效益交付情况	状态报告	创建格式恰当的状态报告，有效地将效益实现的当前状态、变更和进展传达给相关方

续表

要素：分析并规划项目集效益			
绩效标准	**期　望**	**证据来源**	**示　例**
制订效益实现计划	带领并协调商业效益交付的顺序及时间表的定义，在效益登记册中识别、定义、分析和反映它们	效益实现计划	效益实现计划明确指出相关效益，定义每项效益和相关假设，确定如何实现每项效益，并将子项目输出与计划的项目集成果相联系；明确用于衡量效益的指标和程序，界定管理效益所需的职位和职责；明确如何将所得到的能力移交给那些负责维持效益的个人、团体或组织；提供流程，用于在项目集正式收尾前确定每项项目集效益的实现程度
对项目集组件进行定义和优先排序	带领并协调项目集组件及其相互依赖性的定义和优先排序	项目集线路图	创建并维护项目集路线图，其中阐明了项目集组件、相互依赖性和交付成果，并显示了为实现效益的项目集整合
定义关键绩效指标来监督项目集效益的交付	带领并协调相关指标的定义，以监督项目效益的交付	项目集线路图	项目集路线图对有效监督项目集效益交付所需的关键绩效指标及相关的定量指标进行定义
建立项目集绩效基准	带领并协调项目集绩效基准的定义，以交付项目集效益	效益实现计划和项目集路线图	效益实现计划和项目集路线图包括与成本、时间和效益实现阈值相关的绩效基准信息，这使得项目集经理和相关方可确定效益的交付是否及时且在控制阈值内
要素：交付项目集效益			
绩效标准	**期　望**	**证据来源**	**示　例**
随着环境的变化，确保项目集仍然与组织的战略目标保持一致	当组织目标和优先级发生变化时对项目集的基准进行审查；提议调整并获批，以及做出适当调整	更新项目集路线图和基准	创建并维护一个全面的项目集主计划，该计划与组织战略保持一致，定期对项目集价值主张进行验证，并确保与战略保持一致
项目集组件的启动、执行、移交和收尾	监督项目集组件的生命周期，确保对各组件进行优先级排序，以实现效益交付的利益最大化	项目集组件的章程、状态和进度报告、收尾报告	获得批准的项目集组件章程、准确和及时的项目集组件绩效报告、项目集组件终止决策文件（适用的）、项目集组件收尾报告的文件
管理项目集组件间的相互依赖性	了解和监督项目集组件之间的依赖关系，以确保项目集效益交付的及时性和高效性	项目集主计划	在项目集主计划中清楚地描述了网络/依赖关系图或跨组件依赖关系；状态和进展报告用于获取信息，促进与依赖关系相关的决策，并及时高效地记录决策证据

续表

要素：交付项目集效益			
绩效标准	**期 望**	**证据来源**	**示 例**
通过项目集风险评价及关键绩效指标来监督效益的交付	收集、分析和报告项目集各组件效益交付的指标情况，管理项目集层级的风险	项目集效益实现计划、进度报告、状态报告和项目集风险登记册	清楚地记录项目集风险和关键绩效指标评价信息，并将项目集各组件的绩效报告和输出进行汇总
在交付效益时维护效益登记册	随着效益交付或交付基准的变更更新效益登记册	更新效益登记册	及时记录效益实现计划和效益登记册的更新情况
根据项目集沟通计划向项目集相关方汇报	向项目集相关方汇报项目集效益交付的状况	相关方的状态报告	沟通工件包括现状、进展和预测，并根据项目集沟通管理计划进行管理和传播
要素：移交项目集效益			
绩效标准	**期 望**	**证据来源**	**示 例**
确认项目集或其组件在收尾时满足项目集效益实现标准	在项目集各组件收尾时，遵循移交计划并确保效益计划已经交付且移交给运营部门	项目集各组件收尾和移交的相关文件、效益登记册	证明预期效益已按照效益登记册进行交付的相关文件，各相关方已签收
制订移交计划以促进项目集各组件或项目集在收尾后实现持续效益	确保制订相关计划，将项目集各组件的可交付成果移交给相关运营组	移交计划及相关沟通、项目集各组件的收尾文件	由生命周期管理人员和/或操作人员签收效益移交，参照效益实现标准对交付的项目集效益进行评估
要素：确保项目集效益维持			
绩效标准	**期 望**	**证据来源**	**示 例**
确保移交后交付的项目集效益得以持续	确保负责项目集效益延续的业务小组能够持续交付，编制维持计划确保有意义的移交	效益持续计划及相关沟通	效益维持计划必须全面，并由业务负责人签收

X4.1.3 项目集相关方管理

项目集相关方管理包括识别能影响项目或被项目影响的人员、团体或组织，分析相关方期望和他们对项目集的影响，以及为有效让相关方参与项目决策和执行而制定合适的管理策略。

本单元的要素包括：

- 执行项目集相关方识别；
- 执行项目集相关方参与规划；
- 监督相关方的参与。

表 X4-3　项目集管理——项目集经理绩效能力

要素：执行项目集相关方识别			
绩效标准	**期　望**	**证据来源**	**示　例**
识别项目集相关方	有效识别和分类项目集相关方	相关方登记册、相关方地图	相关方登记册是综合性的，包括发起人、管理委员会、项目集经理和项目经理、项目集和项目成员、融资机构和执行机构、项目管理办公室、潜在客户、供应商、政府监管机构、友商、被影响的个人或组织，以及其他可能适用的团体
收集相关方信息，如文化、政治、环境、预算、约束条件和历史信息	从相关方处收集相关数据来展示信息收集技巧	相关方登记册、相关方地图	需要考虑相关方的兴趣和权力，记录每位相关方（或团体）的信息，包括组织文化、对变更的接受程度、对项目和发起人的态度、项目集效益的交付期望、对项目效益的支持或反对程度、影响项目集成果的能力
要素：执行项目集相关方参与规划			
绩效标准	**期　望**	**证据来源**	**示　例**
创建相关方参与的总体指南	创建项目集相关方参与的总体指南	项目集相关方登记册、相关方参与计划	项目集相关方参与计划包括在项目集期间有效管理相关方的详细策略、相关方参与指南，并提供有关组件相关方参与情况的洞察。 有效管理的策略包括管理指南和如何管理不同组件的相关方。定义统计信息以用于评估相关方参与活动的绩效。这不仅包括对会议及其他沟通渠道参与度的评估，也包括对会议目标实施的有效性的衡量。 项目级别的相关方参与指南应提供给项目集内的子项目和非项目工作。相关方参与指南包括在制订项目集沟通计划时所需的关键信息，并与已知的相关方变更保持一致
要素：监督相关方的参与			
绩效标准	**期　望**	**证据来源**	**示　例**
执行相关方管理计划	执行相关方管理计划	相关方参与计划、相关方沟通和相关方登记册	需要经常评估和参考相关方登记册和参与计划，在必要时进行更新
确保相关方充分和适当的参与	相关方参与对项目集目标和效益的实现产生积极的影响	相关方沟通、决策，以及对项目集效益实现的影响	在适当的情况下，记录项目集经理与项目集团队成员参与沟通、谈判和冲突解决活动的证据

X4.1.4　项目集治理

项目集治理包括发起组织定义、授权、监督和支持项目集及其战略的系统和方法。

本单元的要素包括：

- 定义治理结构；
- 管理问题解决和项目集变更；
- 授权项目集组件变更（启动、移交、收尾）；
- 审核项目集绩效；
- 确保项目集符合组织标准。

表 X4-4　项目集治理——项目集经理绩效能力

要素：定义治理结构			
绩效标准	**期　　望**	**证据来源**	**示　　例**
明确定义项目集治理委员会和项目集经理之间的角色与职责及互动过程	治理委员会是授权项目集经理对项目集拥有权限的小组。与治理委员会合作，定义一个最能满足项目集需求的结构，并为项目集经理提供必要的灵活性，同时向组织提供必要的保证，即（a）资源得到有效和高效的使用，（b）风险保持在确定的阈值内	项目集管理计划	角色和职责文件清楚地描述了治理委员会和每位成员的角色、项目集经理的权限级别、升级点和升级过程
要素：管理问题解决和项目集变更			
绩效标准	**期　　望**	**证据来源**	**示　　例**
审查项目集层级跨组件的问题和需要高级管理层关注的较为严重的组件层级问题；适当变更项目集计划	将适当的问题升级到治理委员会来解决，必要时，在问题较为紧急的情况下，根据项目集计划请求召开委员会会议	问题日志、变更请求及其处理情况、问题处理流程的记录	在适当的情况下，将项目集变更请求和问题日志的证据升级到治理委员会，与治理委员会沟通以解决问题，与项目集组件的领导人识别和评估问题，向治理委员会汇报，并按治理计划执行
要素：授权项目集组件变更（启动、移交、收尾）			
绩效标准	**期　　望**	**证据来源**	**示　　例**
审核启动、移交和收尾组件的请求	向治理委员会提出请求，提供适当的支持信息、商业论证，以及为什么启动或不启动、移交和/或收尾组件的理由，并根据其建议采取行动	组件商业论证、组件移交计划、进展和状态报告	全面的商业论证包括实现的效益和价值的衡量、进展和状态报告（附有可交付成果的状态），以及移交准备情况的评估、组件收尾的报告

续表

要素：审核项目集绩效			
绩效标准	**期　望**	**证据来源**	**示　例**
对项目集绩效、项目集阶段门审查、决策点审查做出接收、审查和回应	准备并向治理委员会提交绩效报告，并执行其指令	项目集绩效报告和会议纪要、邮件或治理委员会对这些报告的回应；由绩效报告导致的变更请求及其处理情况	项目集状态报告、效益实现报告，以及来自客户和组件领导者的意见
要素：确保项目集符合组织标准			
绩效标准	**期　望**	**证据来源**	**示　例**
在当前组织标准和目标的背景下，评估项目集的绩效和可行性	准备、汇报绩效报告给治理委员会并执行其指令，召开计划中的和临时的项目集会议	项目集绩效报告和会议纪要、邮件或治理委员会对这些报告的反应；由绩效报告导致的变更请求及其处理情况	项目集状态报告、效益实现报告，以及来自客户和组件领导者的意见，包括但不限于内部审计、质量控制等其他部门；项目集治理会议纪要

X4.1.5　项目集生命周期管理

项目集生命周期管理包括组成项目集所有组件的从定义到收尾的全部范围。这涵盖了几乎所有其他项目集管理领域的输入和输出。

本单元的要素包括：

- 定义项目集；
- 制定项目集；
- 筹备项目集；
- 交付项目集；
- 批准和规划组件；
- 监督和整合组件；
- 移交和收尾组件；
- 移交项目集；
- 项目集收尾；
- 提供项目集活动概述；
- 管理项目集的整合；
- 开发项目集基础设施；
- 管理项目集交付；
- 监控项目集绩效；
- 维持效益和移交项目集；
- 项目集关闭。

表 X4-5　项目集生命周期管理——项目集经理绩效能力

要素：定义项目集			
绩效标准	**期　望**	**证据来源**	**示　例**
创建商业论证并展示其满足战略计划目标和预期项目集成果的程度	商业论证全面、清楚地确定了项目目的、目标、范围和预期效益	项目集商业论证和章程	制定和批准项目集商业论证和章程
要素：制定项目集			
绩效标准	**期　望**	**证据来源**	**示　例**
创建范围、资源和成本的估算；制定初始风险评估；制定章程；制定路线图；支持项目集发起人和发起组织以获得项目集融资	展示融资的能力；与项目发起人合作；具备完成本阶段所有可交付成果的必要技能	估算范围、资源和成本；评估初始风险；制定章程；制定路线图	批准的范围、资源和成本的估算；初始风险评估；制定的章程；制定的路线图；获得相关方的反馈
启动研究，估算范围、资源和成本	展示获取信息并整合范围说明书和计划的能力	项目集范围文件、项目集估算	批准的项目集范围、资源和成本的估算；初始风险评估；制定的章程；制定的路线图
进行初始风险评估	展示识别、量化和减轻项目集风险的能力，并有效记录所有上述内容	风险登记册	风险登记册、批准的风险减轻计划
制定项目集章程和路线图	创建能够有效描述项目集的章程和路线图	项目集章程和路线图	批准的项目集章程和路线图
要素：筹备项目集			
绩效标准	**期　望**	**证据来源**	**示　例**
创建治理结构	建立有效管理项目集的治理结构	演示、会议、电话会议	项目进度、演示、相关方的反馈
定义项目集组织并部署初始团队	有效地构建支撑项目集的组织，并就组织结构与相关方沟通	团队结构、项目集结构	团队组织结构图（组织结构图）、项目集组织结构、相关方的反馈
制订包含所有子计划的项目集管理计划：效益管理计划、相关方参与计划、治理计划、变更管理计划、沟通管理计划、财务管理计划、信息管理计划、采购管理计划、质量管理计划、资源管理计划、风险管理计划、进度管理计划和范围管理计划	展示识别、量化和减轻项目集风险的能力，并有效记录所有上述内容	风险登记册	风险登记册、批准的风险减轻计划
要素：交付项目集			
绩效标准	**期　望**	**证据来源**	**示　例**
授权和规划组件	与相关方一起有效地识别和规划组件，并对组件进行授权	组件管理计划、组件章程	相关方给组件计划、章程建议的证据；从治理委员会和发起人处获得的批准
监督项目集和组件	有效管理项目集流程以实现总体和组件的目标	状态报告、已完成的可交付成果	状态报告、有关可交付成果的文件、相关方的签收

续表

要素：交付项目集			
绩效标准	**期　望**	**证据来源**	**示　例**
管理组件和项目集要素以成功完成项目集，管理组件移交和收尾	展示在组件生命周期中管理项目集所有组件和组件交付的能力	项目集范围、风险登记册、组件计划、资源计划等	批准的范围、最新的风险登记册（包含风险减轻计划）、资源计划等；从运营团队获得的有关接受移交的可交付成果组件的组件收尾报告和签收报告
要素：批准和规划组件			
绩效标准	**期　望**	**证据来源**	**示　例**
为规划项目集组件创建必要的文件	确保满足项目集目标和效益的可交付成果在组件计划中被识别出来	组件计划、资源计划、风险登记册、路线图	批准的组件计划文件；通过协调一致的方式管理组件，以实现分别管理组件所无法获得的成果
通过适应性变更重新规划组件整合或变更项目集方向	展示修改计划以反映环境变化、相关方期望等的能力	在必要时更新项目集/组件计划	最新的项目集、组件计划，包含相关方批准的变更
要素：监督和整合组件			
绩效标准	**期　望**	**证据来源**	**示　例**
对重大的需要重新规划的事件，或者新组件的请求启动事件做出响应	及时获取事件，征求组件负责人和其他相关方的反馈，评估对所有组件的影响	组件管理计划、变更请求	偏差分析、重新规划、批准的变更请求、组件管理计划的新基准和适用的项目集管理计划
确保组件计划包含组件整合所需的活动	制订包含组件整合活动的组件计划，并将其包含在所有子计划中	组件管理计划	明确和规划移交活动；分配和承诺资源；相关方批准计划
正式确定由组件完成的工作范围，并确定满足项目集目标和效益的可交付成果	清晰、全面地定义和批准工作范围；所有组件都清晰地与项目集目标和效益保持一致	组件管理计划、组件章程	批准的组件章程和计划
将每个组件计划中的适当信息整合到项目集管理计划中	整合项目集管理计划和组件管理计划	项目集管理计划和项目集路线图、效益实现计划	里程碑、可交付成果，以及其他重要的组件事件与项目集阶段关口保持一致
启动组件，以执行多个组件的整合工作	将组件成果进行整合和组合，以实现效益	项目集管理计划和项目集路线图、效益实现计划	在项目集管理计划和路线图中对组件成果的整合做出解释说明
要素：移交和收尾组件			
绩效标准	**期　望**	**证据来源**	**示　例**
将组件与其他组件整合以实现相关联的效益	提供领导力，整合组件，并移交到组织的其他领域	项目集管理计划和移交计划、项目集路线图、效益实现计划	批准的移交计划、相关方的反馈
向组件经理征求状态及其他信息，并确保向其他组件传播，以促进与整体项目集活动的整合	管理与组件整合相关的信息流，将其作为整个项目集计划的一部分	会议、电话会议、演示	演示、相关方的反馈
在移交过程中解决产品支持的需求	在项目集和整体环境的架构下管理支持性需求	项目集管理计划和移交计划、项目集路线图、效益实现计划	演示、支持日志、运营团队签收并接受移交的组件

续表

要素：移交和收尾组件			
绩效标准	期　望	证据来源	示　例
审核组件，以验证是否已实现效益，并移交任何剩余的项目和维持活动	展示了交付项目集和组件的预期财务成果的能力，确保效益的交付或提前收尾的合理性	计算投资回报、效益报表、财务计划、效益实现计划	报告展示了财务文件、收益表、经计算的投资回报率、效益实现计划的合规性（或保证合规性的纠正措施）
在授权正式收尾项目集之前，与项目集发起人和项目集治理委员会一起审查所有组件的最终状态	清晰地阐明项目集和组件收尾活动的过程、影响和期望；确保效益的交付或提前收尾的合理性	项目集及组件收尾计划、会议、演示	演示、移交计划、发起人的反馈、项目集收尾报告
要素：移交项目集			
绩效标准	期　望	证据来源	示　例
与治理委员会进行磋商，以确定（1）该项目集是否实现所有预期效益，并且所有移交工作都是在组件移交期内完成的。（2）是否还有另一个项目集或持续的活动来监督该特许项目集的持续效益	管理项目集移交过程，确保效益的交付或提前收尾的合理性	移交计划、收尾文件、演示、会议	批准的移交/收尾计划、会议纪要、演示、相关方的反馈
将资源、责任、知识和经验教训移交至另一个维持实体	适当地管理资源、项目集知识的移交过程	移交计划、收尾文件、演示、会议	批准的移交/收尾计划、会议纪要、演示、相关方的反馈
协调移交活动，并获得批准以正式结束项目集	管理移交活动的过程，包括征求和获得必要的批准	移交计划、收尾文件、演示、会议	批准的移交/收尾计划、会议纪要、演示、相关方的反馈
要素：项目集收尾			
绩效标准	期　望	证据来源	示　例
规划与管理项目集收尾活动	展示详细说明项目集收尾的必要步骤的能力，并获得相关方的签收	移交计划、收尾文件、演示、会议	批准的移交/收尾计划、会议纪要、演示、相关方的反馈
监督收尾活动以确保实现预期的成果	展示监督项目集收尾活动的能力	状态报告、演示、会议	状态报告、演示、相关方的反馈
记录收尾活动，包括项目集完全收尾的最终签收	从相关方那里获得项目集收尾的最终签收	签收文件、项目集收尾报告	最终签收文件、相关方的反馈
要素：提供项目集活动概述			
绩效标准	期　望	证据来源	示　例
监督项目集活动	监督各个组件及整个项目集计划	状态报告、项目集计划、路线图	状态报告、批准的项目集计划、路线图、相关方的反馈
要素：管理项目集的整合			
绩效标准	期　望	证据来源	示　例
识别、定义、组合、统一和协调多个组件到项目集中	既能观察、沟通大局，又能管理组件细节	各个组件计划、整合计划、项目集路线图	批准的项目集和组件计划、相关方的反馈
要素：开发项目集基础设施			
绩效标准	期　望	证据来源	示　例
调查、评估和规划有助于项目集实现其目标的支持性结构	展示进行有效研究，以实现项目集目标的能力	项目集计划、路线图、组织分解结构、PMO 设置和人员配备计划、演示	批准的项目集和组件计划、相关方的反馈

续表

要素：开发项目集基础设施			
绩效标准	**期　望**	**证据来源**	**示　例**
建立项目集及其组件的管理和技术资源	经相关方的批准，创建并填充资源计划	资源计划、基础设施需求文件、演示	批准的资源计划、相关方的反馈，适当的基础设施（如软件工具）均已经到位；文件、数据、知识知识库、配置管理工具、变更管理系统、风险数据库和分析工具、财务管理系统、挣值管理活动和工具、需求管理活动和工具，以及其他所需的活动和工具
要素：管理项目集交付			
绩效标准	**期　望**	**证据来源**	**示　例**
管理新组件或项目启动过程	有效地管理过程，在制定章程和评估效益的贡献后，记录批准的申请	启动请求、演示、电话会议、讨论、组件章程	相关方批准的组件章程清晰地展示了其对项目集效益的贡献
根据组织批准的选择标准评估组件的启动请求	展示评估新组件和/或项目请求的能力，确保这些组件与组织目标和期望保持一致	请求启动日志、演示、电话会议、讨论、组件章程	签收组件章程
重新定义现有组件的优先级，以确保最佳的资源分配、管理和相互依赖性	在实现项目集目标和期望的同时展示了改变优先级的能力	包含所有子计划在内的综合计划和组件计划	经适当批准的、修订的项目集和/或组件计划，以及相关方的反馈
根据定义延迟或加速组件	管理项目集和组件的时间线以实现其目标和期望	项目集/组件进度、项目集路线图、演示	更新的项目集/组件时间线、项目集路线图、相关方的批准与反馈
批准或拒绝项目集层级的变更请求	评估变更请求的影响，并根据需要做出有效的接受或拒绝的决定	更新的变更日志、变更请求文件	更新的变更请求日志、更新的项目集管理计划、项目集路线图，相关方的反馈
与客户或发起人合作，提出关闭或移交组件的请求	与所有相关方就关闭/移交项目集组件进行协作与沟通	演示、讨论、电话会议	演示、移交计划、相关方的反馈
更新项目集路线图，以反映做/不做的决策和批准的变更请求，这会影响整个项目集的高层级里程碑、范围或者已规划的主要阶段的时间安排	管理时间线，并集成做/不做决策对整个路线图的影响	更新的项目集路线图、演示	经适当批准的、更新的项目集路线图，以及相关方的反馈
要素：监控项目集绩效			
绩效标准	**期　望**	**证据来源**	**示　例**
收集、测算、分析和沟通项目集绩效信息，以跟踪项目集目标的进展情况，并评估总体项目集趋势	管理项目集整体绩效，以实现相关方批准的计划和目标	绩效管理计划、会议、项目集目标、阶段—关口审查	绩效计划、状态报告、相关方的反馈、阶段—关口决策记录
要素：维持效益和移交项目集			
绩效标准	**期　望**	**证据来源**	**示　例**
跟踪、监督和汇报项目集效益	持续跟踪并汇报项目集效益、维持计划和移交活动	状态报告、演示	状态报告、移交计划、可持续计划、相关方的反馈

续表

要素：维持效益和移交项目集			
绩效标准	**期　望**	**证据来源**	**示　例**
项目集效益的可维持计划	规划并管理效益移交以达到可持续的状态	可持续计划、演示	批准的移交计划、效益期望、可维持计划、相关方的反馈
要素：项目集关闭			
绩效标准	**期　望**	**证据来源**	**示　例**
规划项目集关闭	创建计划并获得相关方的批准	关闭计划、演示	批准的关闭计划、相关方的反馈
监督和监控项目集关闭	跟踪关闭活动并确保其符合承诺	状态报告、关闭计划、演示	状态报告、演示、相关方的反馈
在项目集关闭时签收文件	取得项目集关闭活动的签收并最终结束项目集	项目集签收	签收的项目集关闭说明书、来自相关方的反馈

X4.1.6　项目集范围管理

项目集范围管理包含在规划和管理项目集范围时涉及的所有活动。

本单元的要素包括：

- 规划项目集范围；
- 控制项目集范围。

表 X4-6　项目集范围管理——项目集经理的绩效能力

要素：规划项目集范围			
绩效标准	**期　望**	**证据来源**	**示　例**
建立项目集范围管理计划	带领项目集范围管理计划的制定，并制定与项目集接口的一些项目	项目集范围说明书、项目集范围管理计划、项目集WBS	一份定义明确的范围管理计划是整合项目集的一部分，与项目集章程和商业论证保持一致
要素：控制项目集范围			
绩效标准	**期　望**	**证据来源**	**示　例**
监督项目集状态和产品范围，并管理范围基准的变更（范围说明书）	确保项目集在范围内，并监督项目集变更管理（项目集范围变更）	变更请求附带了决策支持性文件、更新范围说明书和 WBS	表述清晰的项目集范围变更请求

X4.1.7 项目集时间管理

项目集时间管理的活动确定产生项目集效益所需组件的顺序和时间，估算完成每个组件所需的时间，确定在项目集执行期间的重要里程碑，并记录成果。

本单元的要素包括：

- 规划项目集进度；
- 控制项目集进度。

表 X4-7 项目集时间管理——项目集经理的绩效能力

要素：规划项目集进度			
绩效标准	期　望	证据来源	示　例
制定和记录与项目集进度相关的政策和程序	带领并促进项目集主进度管理计划的制订	项目集进度管理计划、项目集进度标准、项目集进度相关项目文件的更新、路线图的更新	项目集进度、相关的项目文件、路线图的更新
要素：控制项目集进度			
绩效标准	期　望	证据来源	示　例
监督项目集活动的状态，以更新项目集进展，并管理实现项目可交付成果所需的进度基准的变更	监督项目集以保持进度，监督项目集进度变更的过程，更新项目集主计划	项目集进度更新、项目集路线图，以及其他与进度变更相关的项目集文件	经修订的当前项目集进度和项目集路线图

X4.1.8 项目集财务管理

项目集财务管理包括确定项目集财务来源和资源所涉及的活动，整合项目集组件的预算，制定项目集的总体预算，以及在整个组件和项目集期间控制成本。

本单元的要素包括：

- 估算项目集成本；
- 建立项目集财务框架；
- 制订项目集财务管理计划；
- 估算组件成本；
- 制定项目集预算；
- 监控项目集财务；
- 项目集财务收尾。

表 X4-8　项目集财务管理——项目集经理的绩效能力

要素：估算项目集成本			
绩效标准	**期　望**	**证据来源**	**示　例**
估算完成项目集活动的成本	协调和带领成本估算的过程	项目集成本估算	项目集成本估算包括详细的所有权成本的估算
要素：建立项目集财务框架			
绩效标准	**期　望**	**证据来源**	**示　例**
建立和记录与项目集成本有关的结构、政策和程序	带领项目集财务框架的制定和建立	项目集财务框架	准备详细的项目集计划包括财务管理政策和程序
要素：制订项目集财务管理计划			
绩效标准	**期　望**	**证据来源**	**示　例**
建立和记录项目集财务管理计划的 KPI 和成功标准	制订评估、报告和更新项目集财务管理的计划	项目集财务管理计划	准备详细的项目集计划包括财务管理政策和程序
要素：估算组件成本			
绩效标准	**期　望**	**证据来源**	**示　例**
估算项目集组件的成本	识别规模经济的商机、项目集内的资源共享、已制定和批准的每个组件的详细预算	所有项目集组件的成本估算、详细的组件预算	项目集成本估算包括详细的总所有权成本的估算，以及详细的、已批准的组件预算
要素：制定项目集预算			
绩效标准	**期　望**	**证据来源**	**示　例**
制定经授权的项目集成本基准	在项目集中，带领预算的制定并定义过程	整个项目集的预算整合包括组件成本及项目集层级的成本	项目集成本估算包括详细的总所有权成本估算和成本登记册，以及详细的、已批准的组件预算
要素：监控项目集财务			
绩效标准	**期　望**	**证据来源**	**示　例**
监督项目集活动的状态，以更新项目集成本估算，并管理财务基准的变更	监督项目集预算和财务基准的变更过程	合同付款、关闭的组件预算、项目集文件的更新、变更请求和纠正措施	项目集成本估算包括详细的总所有权成本估算，以及在定期状态报告中包含的准确的成本登记册
要素：项目集财务收尾			
绩效标准	**期　望**	**证据来源**	**示　例**
更新项目集财务状态，并监督财务合规性需求	根据财务基准评估和汇报实际财务绩效，并监督收尾项目集财务的过程	组件财务收尾报表和预算，以及项目集文件的更新	项目集成本估算包括详细的总所有权成本估算，以及在定期状态报告中包含的准确的成本登记册

X4.1.9 项目集质量管理

项目集质量管理包括执行组织的活动，确定质量政策、目标和责任，以便项目集取得成功并通过政策和程序实施质量管理体系，从而在适当的时候进行持续改进活动。

本单元的要素包括：

- 规划项目集质量；
- 项目集质量保证；
- 控制项目集质量。

表 X4-9 项目集质量管理——项目集经理的绩效能力

要素：规划项目集质量管理			
绩效标准	**期 望**	**证据来源**	**示 例**
确定质量标准和需求，并记录质量合规性	定义或确定整体项目集的质量标准和指标；在项目集组件之间协调可能不同的质量标准	项目集质量标准、政策、成本估算、测量标准定义、服务等级协议（SLAs）、质量核对单、质量保证和控制规范	正确执行项目集质量标准和政策，以体现在项目集输出的质量上
要素：实施项目集质量保证			
绩效标准	**期 望**	**证据来源**	**示 例**
审计质量需求和质量控制结果	在项目集持续期间，定期评估项目集整体质量，重点关注跨组件的质量关系和影响；分析组件质量控制成果，以确保项目集整体质量的交付，并在需要时，通过项目集变更控制过程来采取恰当的行动	质量保证结果、标准报告和变更请求	有效的项目集状态报告、问题日志、变更日志和风险日志均反映了对项目集质量计划的遵守情况
要素：控制项目集质量			
绩效标准	**期 望**	**证据来源**	**示 例**
监督质量活动的执行和评估质量活动的绩效，并对质量活动提出变更建议	在整个项目集生命周期中监督组件的可交付成果，以验证它们是否满足效益实现的质量需求；审查所有组件的质量计划的有效性；带领与质量活动相关的项目集或组件变更请求的评估；记录由此类评估产生的项目集或组件文件的变更（如果有的话）；在适当的时候，确保组织过程资产的相应变更	质量控制完成核查表、测试报告或测量结果、质量变更要求	有效的项目集状态报告、问题日志、变更日志和风险日志均反映了对项目集质量计划的遵守情况

X4.1.10 项目集资源管理

项目集资源管理确保在必要时向项目经理提供所有必要的资源（人员、设备、材料等），使其项目能够为项目集带来效益。

本单元的要素包括：

- 规划项目集资源管理；
- 项目集资源优先级排序；
- 管理资源相互依赖关系。

表 X4-10 项目集资源管理——项目集经理的绩效能力

要素：规划项目集资源管理			
绩效标准	**期 望**	**证据来源**	**示 例**
创建指南，概述人力资源管理的总体方法	为人力资源、其他资源制定和管理跨项目集组件的资源优先级分配计划[见《项目集管理标准》（第 3 版）的第 8.6 节]；资源计划将成为项目集管理计划的一部分	项目集资源优先级、更新的项目集资源计划	格式良好并被记录的项目集资源计划（包括准确的和当前的更新）、相关方同意分配计划中描述的资源的证据
要素：项目集资源优先级排序			
绩效标准	**期 望**	**证据来源**	**示 例**
执行人力资源计划	为人力资源、其他资源制定和管理跨项目集组件的资源优先级分配计划	项目集资源需求、项目集资源计划、更新的资源计划	格式良好并被记录的项目集资源计划（包括准确的和最新的更新）可用于获得资源，使项目集和组件活动不会因为缺乏资源而受阻
要素：管理资源相互依赖关系			
绩效标准	**期 望**	**证据来源**	**示 例**
创建和维护责任分配矩阵，管理项目集组件之间的依赖关系	作为项目集经理职责的一部分，招募和管理项目集团队，平衡各组件之间的资源分配	更新的项目集资源计划、更新的组件资源计划	RACI（负责、问责、咨询和通知）综合图表反映了主要相关方与关键交付物之间的对应关系；项目集和组件不会由于资源缺乏而被延迟

X4.1.11　项目集沟通管理

项目集沟通管理包括及时和适当地生成、收集、分发、存储、检索和最终处置项目集信息的活动，这些活动提供了人与信息之间的联系，而这些信息是成功沟通和决策所必需的。

本单元的要素包括：

- 规划沟通；
- 发布信息；
- 报告项目集绩效。

表 X4-11　项目集沟通管理——项目集经理的绩效能力

要素：规划沟通			
绩效标准	**期　　望**	**证据来源**	**示　　例**
创建指南，概述整体沟通管理的方法	制订和记录项目集沟通计划；沟通计划包括内部和外部相关方的沟通	项目集沟通计划	格式良好的项目集沟通计划可满足关键相关方的需求，包含沟通管理计划的所有组件
要素：发布信息			
绩效标准	**期　　望**	**证据来源**	**示　　例**
执行沟通管理计划	及时、简洁地发布项目集信息	项目集沟通工件	工件被清晰表达、及时整理和传播
要素：报告项目集绩效			
绩效标准	**期　　望**	**证据来源**	**示　　例**
对项目集进展和沟通管理计划之间的差距做出响应并采取对策	评价和评估所提供的信息，并确定内容是否经过适当的格式化，以便预期的接收者使用得当	项目集绩效报告	项目集报告反映了相关活动事项，该事项解决了已发现的差距并满足相关方的需求

X4.1.12　项目集风险管理

项目集风险管理包括跟踪项目集风险登记册中确定的项目集层级风险，并识别在项目集执行过程中出现的新风险。

本单元的要素包括：

- 规划项目集风险管理；
- 识别项目集风险；
- 分析项目集风险；
- 规划项目集风险应对；
- 监控项目集风险。

表 X4-12　项目集风险管理——项目集经理的绩效能力

要素：规划项目集风险管理			
绩效标准	期　望	证据来源	示　例
创建和记录与项目集风险、组织风险概况相关的政策和程序	创建和记录与项目集风险相关的政策和相关程序	项目集风险管理计划	综合风险管理计划是综合项目集整合计划的一部分，包括风险承受力、风险偏好和风险临界值；组件风险管理计划与风险管理计划保持一致
要素：识别项目集风险			
绩效标准	期　望	证据来源	示　例
确定哪些风险可能影响项目集，并记录已识别风险的特征	确定包括对项目风险，以及与项目集层级或其他项目相关的潜力的评估；项目间的风险评估可以在项目集层级进行管理，也可以用于其他项目风险登记册	项目集风险登记册	当前和更新的项目集风险登记册，包括风险命名、概率、影响，及处理风险的方法和风险负责人
要素：分析项目集风险			
绩效标准	期　望	证据来源	示　例
通过评估风险发生的概率和影响，对风险进行排序，以便进一步分析或采取行动	分析和管理组件和跨组件的风险以实现项目集效益	项目集风险登记册、风险报告	当前和更新的项目集风险登记册，包括风险命名、概率、影响，及处理风险的方法和风险负责人
要素：规划项目集风险应对			
绩效标准	期　望	证据来源	示　例
制定与项目目标相关的方案和行动措施，以提高潜在机会并降低威胁	制定方案和行动措施，以提高潜在机会并降低威胁，这两者都与项目集效益的交付有关	风险应对计划、风险登记册的更新、应急预算和理由及变更请求	当前和更新的项目集风险登记册，包括风险命名、概率、影响，及处理风险的方法和风险负责人
要素：监控项目集风险			
绩效标准	期　望	证据来源	示　例
监控项目集风险的状态，实施风险应对计划并评估风险处理的有效性	监控项目集风险的状态，实施项目集风险应对计划，并评估项目集风险处理过程的有效性	风险应对活动的证据；在实施风险应对前后持续监控风险的支持性文件	当前和更新的项目集风险登记册，包括风险命名、概率、影响，及处理风险的方法和风险负责人

X4.1.13　项目集采购管理

项目集采购管理涉及获取产品、服务所需的活动。

本单元的要素包括：

- 规划项目集采购；
- 执行项目集采购；
- 管理项目集采购；
- 关闭项目集采购。

表 X4-13　项目集采购管理——项目集经理的绩效能力

要素：规划项目集采购			
绩效标准	**期　望**	**证据来源**	**示　例**
创建和记录采购决策	记录跨组件的采购决策；记录提高效率的理由，包括识别规模经济的商机	项目集采购标准、项目集采购计划、项目集预算和财务计划的更新	全面更新的项目集采购计划、预算和财务计划
要素：执行项目集采购			
绩效标准	**期　望**	**证据来源**	**示　例**
获取并整理供应商的响应	指导组件经理完成采购过程，确保在制定 RFP / RFI 和与候选供应商沟通时，总体项目需求是最重要的	RFP / RFI 的响应；记录投标人会议成果的备忘录或电子邮件，以及与潜在供应商举行的其他会议，如产品演示供应商的建议、提案的评估标准、授予的合同	RFP 响应评估表可帮助评估人员用公平一致的方式比较供应商，从而为支持性组织获得最佳价值
要素：管理项目集采购			
绩效标准	**期　望**	**证据来源**	**示　例**
管理采购关系并监督合同绩效	基于已建立的SOW和/或SLA评估供应商绩效，必要时，通过协商变更 SOW 或 SLA；通过与供应商的互动来指导组件经理；当供应商帮助或影响多个组件时，监督整个项目集的合同绩效	绩效报告、进展报告、KPI 评估	格式良好且全面的状态报告涵盖了整个项目集和各个组件及相关证据
要素：关闭项目集采购			
绩效标准	**期　望**	**证据来源**	**示　例**
记录合同解决方案，并归档采购信息	确保组件经理成功记录合同解决方案，因为其会影响组件，特别是当供应商影响多个组件时，其中一些项目集组件可能仍与供应商积极合作；确保组件经理成功地归档采购信息，包括经验教训部分	合同收尾报告、项目集文件的更新（如经验教训）、关闭合同	项目签收文件包括效益登记册、操作文件和相关发起人签批的经验教训

X4.2　项目集经理个人能力单元

X4.2.1　沟通

沟通包括使用恰当的方式有效地与相关方交换准确、适当和相关的信息。

本单元的要素包括：

- 主动倾听，理解并回应相关方；
- 维护沟通渠道；
- 确保信息质量；
- 根据对象裁剪沟通。

表 X4-14　沟通——项目集经理个人能力

要素：主动倾听，理解并回应相关方			
绩效标准	**期　望**	**证据来源**	**示　例**
积极倾听	团队成员和相关方对其顾虑得到解决感到满意；沟通要根据相关方的不同而调整；针对尚未定义或理解的相关方需求的解释和评估需要转换回来，确保理解正确	从相关方和团队成员处获取的调研结果，以及从沟通中得到的观测记录。记录对他人观点的同理心和理解的反馈	根据组织标准获取和维护调研结果；将其作为绩效审查过程的一部分，与项目集经理分享关于行为的适当说明
理解沟通中的显性和隐性内容	使用隐性的相关方沟通（如当前项目集环境）和持续的相关方需求来制定和调整沟通策略；包含相关方分析和沟通计划的正式更新或变更；与相关方沟通的水平和形式相匹配	从沟通中得到的观测记录	记录信息已被收到并理解的确认
对预期、关注和问题做出响应并采取行动	进行分析、选项评估（合适的），采取/推荐适合的行动	对他人认为重要的问题做出响应的记录（如问题日志）	变更请求、从相关方处获取的调研结果
要素：维护沟通渠道			
绩效标准	**期　望**	**证据来源**	**示　例**
促使相关方积极参与	定期建立论坛与相关方互动，包括各种促进积极沟通的正式与非正式媒介；会议纪要或行动条目日志显示了问题正在解决	确认相关方的需求得到了积极满足的文件	会议纪要记录了相关方的需求清单，以及如何处理这些需求
有效传播信息	定期建立论坛与相关方互动，包括各种正式与非正式媒介；沟通方法应适用于需要传播的信息	记录通过对话、调研、记录、展示或观察的方式进行有效沟通的记录	会议纪要、邮件记录的信息，以及信息的接收方式
	分配沟通与相关方登记册匹配；响应时间和方法与沟通计划匹配	与恰当的相关方分享相关/及时的沟通	会议纪要、电子邮件，或者其他详细说明相关沟通和响应的文件
保持正式和非正式沟通	定期建立论坛与相关方互动，包括各种正式与非正式媒介；计划的会议和临时会议的会议纪要；适当地将会议、对象与正式程度相匹配	用于向相关方发布信息的定期会议、电话会议、员工大会、正式简报等	计划的与计划外的会议、头脑风暴会议纪要等；往来函件；讨论的笔记及跟进内容；对相关方可用性的反馈记录
要素：确保信息质量			
绩效标准	**期　望**	**证据来源**	**示　例**
使用适当的信息来源	与相关的项目经理、团队负责人、主题专家、团队成员等一起制订报告，分析问题，评估进度和分析方案；使用、维护、更新项目集管理信息系统	数据库、行业信息库、在线和离线研究、与项目集和/或行业相关的出版物	• 信息来源和分析的记录； • 信息来源的反馈记录
提供准确和真实的信息	项目集经理与 PMO 一起对汇报标准进行健康检查、审计和检查； 将项目过程报告与给定报告期内的活动相关联	由团队和/或外部各方执行的汇报工具、观察和评测	文件显示事实信息已提供；记录有关信息准确性的反馈

续表

要素：确保信息质量			
绩效标准	**期　　望**	**证据来源**	**示　　例**
寻求信息验证	项目集经理与 PMO 一起对汇报标准进行健康检查、审计和评审；确保关键决策及其支持信息、适当的分析等被记录；建立报告的正式审查周期；有主题专家(SME)参与	与团队成员进行的会议、电话会议，以及其他正式和非正式的交谈	主题专家（如兴趣小组、专业机构）的输入文件和会议纪要
要素：根据对象裁剪沟通			
绩效标准	**期　　望**	**证据来源**	**示　　例**
提供相关信息	根据持续的相关方需求和对象（外部客户、高级管理者和团队成员）的情况开展和调整沟通；就沟通的复杂性和类型与相关方相匹配	与团队成员进行的会议、电话会议，以及其他正式和非正式的交谈	接收方确认信息相关性的反馈记录
	能够以清晰、简洁的方式呈现和总结关键点、问题和指示	高超的呈现技巧的记录	
为受众选用适合的沟通方式	根据持续的相关方需求和对象（外部客户、高级管理者和团队成员）的情况开展和调整沟通；将有关的相关方分析和沟通计划的正式更新 / 变更纳入其中	在相关方分析中确定的首选沟通方法	展示方法选择适宜性的会议记录
	经常收集相关方对沟通的反馈；响应问题和疑虑	相关方关于方法选择的适宜性的反馈	记录具有适当响应的反馈，并根据组织标准对其进行维护
使沟通与环境、场景保持一致	经常收集相关方对沟通的反馈；响应问题和疑虑	与相关方沟通（会议、简报、备忘录等）时要考虑到： • 对他人特定沟通需求和背景的敏感性； • 恰当地使用正式、非正式的口头、非语言或副语言（沟通）组件； • 团队会议、呈现纪要； • 有关地点、时间、参与者、隐私设置等各种选项的示例	来自关键相关方的反馈记录，并根据组织标准对其进行适当维护

X4.2.2　领导力

领导力包括指导、动员和激励项目集团队成员及其他项目集相关方，以管理和解决问题，从而高效地实现项目集目标。

本单元的要素包括：

- 创建提高绩效的团队氛围；
- 建立和维护有效的关系；
- 激励和指导项目集团队成员；
- 承担交付项目集的责任；
- 必要时使用影响力技能。

表 X4-15　领导力——项目集经理个人能力

要素：创建提高绩效的团队氛围			
绩效标准	期　　望	证据来源	示　　例
表达对团队的积极期望	以符合并促进团队绩效文化的方式，识别和传达项目集和项目的目标；期望和监督匹配团队成员的能力水平；鼓励和促进讨论，以支持决策；在绩效提升时给予奖励	来自团队的反馈记录： • 团队成员的认知能力。 • 对决策的支持。 • 设定的积极期望	• 明确阐述和定义项目集目标，目标尽可能被量化，有时间限制；列出和商定衡量的方法和/或成功的指标。 • 明确将项目集目标与战略进行对应。 • 与团队成员就目标进行沟通/通信的证据。 • 个体的个人发展计划（如果通过人力资源提供）包括明确的激励措施，以实现和超越项目集目标。 • 如果项目集团队是临时召集的，奖金/薪酬与绩效和额外的项目集绩效目标挂钩
推动团队学习，提倡专业化和个人发展	团队和个人发展被提升至且被认为是企业文化的一部分；项目经理被授权（使用 KPIs）来评价团队和个人的绩效； 与职能经理一起评估团队成员的个人绩效，以帮助他们发展自我	个人发展计划	• 根据个人及各自的角色，制订专业的发展计划，包括为实现项目集成功交付并获得效益所需要的技能和能力。 • 团队参与团建活动和富有成效的娱乐活动。 • 个人的发展计划（如果通过人力资源提供）包括明确的激励措施，以实现和超越项目集目标。 • 如果项目集团队是临时召集的，奖金 / 薪酬与绩效和额外的项目集绩效目标挂钩
	在项目集启动阶段评估个人能力水平，并在项目集全程对其进行监控； 在项目集结束时，记录个人能力的提升情况	团队成员获得新技能的记录	• 在项目集启动阶段进行个人评估，在整个项目集生命周期持续进行评估。 • 评估包括“360 度反馈”、改进的手段和建议；评估团队成员实施改进计划的程度及其有效性

续表

要素：创建提高绩效的团队氛围			
绩效标准	期　　望	证据来源	示　　例
推动团队学习，提倡专业化和个人发展	向团队征求反馈；响应已识别的问题和疑虑	来自项目集团队的反馈记录	评估包括“360 度反馈”、改进的手段和建议；评估团队成员实施改进计划的程度及其有效性
	识别和推荐专业的发展活动； 与职能经理一起制订预算	资助发展（活动）	批准团队发展预算，将资金和投资用于建立和培养项目集特定技能和素质的活动
始终如一地鼓励团队协作	以符合并促进团队绩效文化的方式，来识别和传达项目集、项目和团队目标； 能够促进并鼓励多学科团队的参与；分享来自高层管理者、相关方对团队工作及成就的反馈	为鼓励团队合作和尊重不同意见、个性而采取的创造性行动的示例	• 组织团建活动。 • 对团建活动的有效性进行评估。 • 开展参与型的活动，征集和包容所有团队成员的观点、想法和意见；在审查这些想法和概念时表现出公平性。 • 沟通或通信传达了来自相关方、高级管理者对团队绩效的反馈、建议及其他积极反馈
	了解单个团队成员的优势和劣势	确认团队成员获得独特技能、能力的反馈记录	每个团队成员的个人发展计划反映了其优势和需要进一步发展的领域、与团队成员通信的证据，以及他们各自对这些发展计划的接受程度
	向团队领导和项目经理传达清晰和一致的目标	识别团队领导的职责，设定清晰一致的目标	责任分配矩阵为每个团队成员明确定义并阐述了目标；通过明确的衡量手段和成功指标，在可能的情况下对目标进行量化和时间限制；团队成员应该以书面形式对这些目标做出承诺
提出高绩效要求并能以身作则	为团队展示积极的领导力行为，并以身作则；设定明确的期望；主动奖励高绩效者；以避免惩罚的方式与个人讨论其低绩效，鼓励其发展和改进	个人绩效、素质标准的记录	在必要时，清楚地表达和传播建设性反馈；团队成员在公开场合得到赞扬，而在私下场合获得发展方面的反馈
	设定对自我的期望并定期评估绩效； 与高层领导和团队讨论绩效	• 项目集经理执行标准的成果记录； • 项目集经理以身作则的反馈记录	与高层领导讨论绩效的成果的记录
	使用项目集评审和会议来展示和执行问责制	让项目集成员对他们的承诺负责的示例	项目集评审会议包括讨论具体的目标和实现这些目标的具体活动，以及团队成员收到的关于项目集活动绩效的反馈和项目集目标实现情况的反馈；会议公报作为会议纪要/评审的一部分被记录下来

续表

要素：建立和维护有效的关系			
绩效标准	**期　望**	**证据来源**	**示　例**
关系仅限与工作相关，并与项目和当地文化相适应	为项目集团队展示与项目集文化相一致的领导力；在与相关方的互动中遵守规则，行事专业；将事实与情绪分开；赢得相关方的尊重	从团队和相关方处得到的有关项目集经理维护与相关方的正式工作关系的反馈文档	通信和沟通不包含冲动的情绪、非专业的语言、术语，或者个性化的陈述和信息；通信和沟通不包含指控、责备和个人对抗
	建立并遵守会议规则和指南	正式和非正式讨论的指南文件	会议有明确的议程；议程与会议纪要对应；在会议记录中，决策和行动记录明确指定谁做什么，什么时候做
与相关方建立信任和信心	与相关方建立基于信任、互相尊重的专业关系；展现正直并赢得信任，即使相关方在困境下仍保持信心	示例： • 正直行事； • 保持承诺； • 提供一致的信息； • 当团队成员受到不公正的批评时能提供支持； • 保持镇定； • 公平对待所有相关方	通信和沟通表明了相互尊重、信任和欣赏；履行了委托和承诺；沟通和通信是一致的，而不是矛盾的或相互竞争的；维护团队成员的权利，以及在有需要时提供必要支持的证据； 不需要或不要求团队成员屈服于错误的指责和/或不合理的批评；行事不冲动或情绪化；不偏向或通融某个相关方或相关方团体的要求使其优于其他相关方
创造一个鼓励开放、相互尊重和关心相关方的环境	与相关方建立基于信任、互相尊重的专业关系	相关方对问题的分析和解决的开放性反馈	讨论是公开进行的，团队成员不怕表达他们的意见和想法；项目集经理易于接近，并且不反对或阻碍团队成员接触相关方
	通过沟通驱动项目集管理实践；定期与相关方沟通，展示资源可用性	项目集经理保持办公室开放，成员随时能找到项目集经理	讨论是公开进行的，团队成员不怕表达他们的意见和想法；项目集经理易于接近，并且不反对或阻碍团队成员接触相关方
	经常向团队成员征求有关团队环境的反馈；响应问题和疑虑	对他人的感受和价值表现出敏感度和真正的兴趣； 公正和基于事实进行决策的证据记录	会议记录（会议纪要、日志或其他类型的文档）包含团队对环境、问题和关注点的改进的反馈和建议，并清楚地记录此类反馈所产生的行动或决策

续表

要素：激励和指导项目集团队成员			
绩效标准	期　　望	证据来源	示　　例
建立项目集愿景、使命和战略价值，并与团队进行沟通	建立清晰的沟通和策略，确保所有团队成员都了解整个项目集，以及单个项目和团队在整个项目集中的位置；确保职能经理/PMO 将个人目标与项目愿景、使命和战略价值保持一致	明确关注愿景、使命和战略价值的演讲示例	• 演讲包括关于愿景、使命和战略价值的实用、可理解的信息；信息是简洁的、全面的、激励人心的。 • 团队成员清楚地了解他们的活动如何有助于项目集的整体成功。 • 在预先或临时安排的项目集审查活动中，团队成员都能自愿提供反馈，以更好地使他们的活动与项目集预期的战略价值保持一致
	就项目集对业务的影响、目标的一致性以及团队在实现项目集愿景和使命中的作用对团队成员进行教育	积极支持战略，并能与团队成员分享的示例	团队成员明确意识到战略意图、他们的工作为何重要，以及如何有助于战略的实现
	定期征求团队反馈；就问题和疑虑进行响应	记录团队对项目集战略价值认知的反馈	会议纪要、日志或其他记录文档包括了由团队成员提出并征求的清晰明确的问题、行动和决策
根据组织指南进行绩效奖励	建立并促进奖励和认可项目集的实施；确保职能经理或高级经理能够意识到项目成员的高绩效	• 奖励和认可的记录； • 团队成员成功进行规划的示例	新闻简报公布了团队成员的杰出绩效，以及其他对杰出绩效的认可方式；向高级管理者沟通团队绩效和成果
	了解个体与团队贡献的价值；向管理层沟通个体和团队的工作成就	经常为个体取得的成就进行庆祝的示例；确保个体得到奖励	新闻简报公布了团队成员的杰出绩效，以及其他对杰出绩效的认可方式；向高级管理者沟通团队绩效和成果
为团队成员的发展建立指导关系	为项目集建立导师制度；担任个别项目经理和其他适合人员的导师；利用经验教训指引团队获得最佳解决方案	指导关系的示例	为团队成员提供清晰的指导或指引；不以冷漠的态度、不在场或不参与的行为拒绝他们；项目集经理指引和支持团队成员解决问题、冲突和问题的证据
	项目集经理被认为是能提供有价值和有意义的指导经验的人	被寻求作为他人导师的示例	为团队成员提供指引，支持他们在可能的情况下探寻创造性的解决方案，以及面对和克服挑战的方法
	定期征求团队关于指导活动的反馈意见；响应已识别的问题和疑虑	对指导活动的反馈记录	会议进程文档（问题和行动日志等）包含了足够的证据，可证明针对已经上升到项目集经理层面的问题和疑虑做出了响应
	与职能经理一起回顾个体绩效以便帮助员工执行发展计划	个人发展计划取得进展的示例	个人发展计划（通过人力资源部提供）包括明确的激励措施，以实现和超越项目集的目标。 如果项目集团队是临时的，奖金/薪酬与绩效和额外的项目集绩效目标挂钩

续表

要素：承担交付项目集的责任			
绩效标准	期　望	证据来源	示　例
展示对项目集的所有权、责任和承诺	项目集经理密切关注项目集和项目组成的状态和健康状况；分析选项和纠正措施以优化项目集成果；与所有相关方进行项目集评审	积极促进所有相关方和项目集团队成员参与项目集的示例	项目集经理对所有项目组件的状态和整个项目集都有清晰的认知，能够意识到问题、挑战和风险，并采取行动解决这些问题；把握、带领和使用定期项目集审查和阶段门等措施以确保项目集与战略保持一致，项目组件将创造预期的效益，并且项目集绩效是按计划完成的；及时、清晰地向所有相关方沟通项目集状态
	与相关方定期进行风险评估；通知相关资源并参与解决问题	快速应对可能的项目集障碍、延期或风险的示例	项目集文档库是最新的，风险识别、风险减轻和管理文档是已更新的、相关的和一致的
	适当培养和支持、发展团队成员与高级管理人员/客户之间的关系，同时展示团队问题和结果的所有权	• 项目集经理为出现的事故担责的报告或会议纪要； • 承担不良后果的所有权	项目集经理对所有项目组件的状态和整个项目集都有清晰的认知，能够意识到问题、挑战和风险，并采取行动解决这些问题；把握、带领和使用定期项目集审查和阶段门等措施以确保项目集与战略保持一致，项目组件将创造预期的效益，并且项目集绩效是按计划完成的；及时、清晰地向所有相关方沟通项目集状态
使个人活动和优先事项与提高实现项目集目标的可能性保持一致	根据项目集成果的预期回报，适当地管理时间投入，特别关注对项目组成、项目团队、相关方的时间投入；评估和理解每个问题的影响，以确定优先次序；设立并调整个体优先级，以便更好地为项目集服务。 使用问题优先级作为指导团队实现目标的最佳方向的工具	• 优先级规划记录； • 优先级活动清单； • 主动活动管理的示例	项目集路线图是最新的、有相关性的，反映了可靠的估算和有效的假设，反映了项目集层级的时间绩效，并将影响融入尚需完成的计划中。 组件项目计划与项目集路线图一致并保持一致。 项目集文档库包括与项目集相关的项目优先级技术、标准和方法的信息，所有相关方都同意并使用这些信息。 项目计划和活动反映了对最大可能的回报和成果的分析，并与优先级和效益实现保持一致
支持并促进团队的行动和决策	定期征求团队对支持、促进团队行动的反馈，响应问题和疑虑	来自项目集团队成员的反馈记录表明，项目集经理代表他们采取主动行动	会议纪要反映了与项目团队成员进行对话的结果，表明了项目集经理的支持性行动，以及对回应问题/关注的及时性和有效性
	为团队提供一个讨论和解决问题的论坛；在与关键相关方的讨论中维护团队的决策	会议纪要反映了项目集经理对团队行动和决策的支持	会议纪要反映了与项目团队成员进行对话的结果，表明了项目集经理的支持行动，以及对回应问题/关注的及时性和有效性；举办参与型会议以吸引团队成员参与。 通信/沟通表明项目集经理在相关情况下将团队讨论、决策和问题传达给相关方

续表

要素：承担交付项目集的责任			
绩效标准	期　望	证据来源	示　例
支持并促进团队的行动和决策	定期与项目集团队举行会议和一对一交流	与项目集团队并肩作战，承担交付工作的责任	会议纪要反映了与项目团队成员进行对话的结果，表明了项目集经理的支持性行动，以及对回应问题/关注的及时性和有效性；举办参与型会议吸引团队成员参与
	充分理解并掌握团队的行动，以便能在高级管理者和相关方面前独立地捍卫自己的立场	在高层面前能表明立场，支持团队的行动，就像支持自己的行动一样	会议纪要反映了与项目团队成员进行对话的结果，表明了项目集经理的支持性行动，以及对回应问题/关注的及时性和有效性；通信/沟通表明项目集经理在相关情况下将团队讨论、决策和问题传达给相关方
要素：必要时使用影响力技能			
绩效标准	**期　望**	**证据来源**	**示　例**
对每个相关方使用适当的影响力技能	展现出能使用多种方法和方式，来影响相关方的能力；理解影响力在指导项目集团队、客户和管理层以取得最佳成果方面所起的作用	在不同情况下使用不同风格的示例	明确和全面的相关方识别活动、相关方识别矩阵记录、相关方的参与和影响力计划均被记录和实施
	项目集文件包括，在项目集执行过程中用来获取相关方支持的方法	描述用于影响力的替代方式的文件	明确和全面的相关方识别活动、相关方识别矩阵记录、相关方的参与和影响力计划均被记录和实施
	具备直面问题，以机智、令人尊敬的方式找到解决方案的能力；具备将情绪与逻辑分离，并提升方案价值的能力	具备很强的引导和谈判技能的示例	定期记录和跟踪问题；与问题相关的日志和通信表明项目集经理在面对问题和难题时，与相关方进行了公平谈判，并始终维护执行团队和客户组织的战略效益
	以积极的方式，使用知识、经验教训和团队的失误来教育团队	教育团队的能力的示例	定期收集经验教训并将其应用于项目集和项目计划及活动中，特别是在阶段关口
借用专家或第三方来说服他人	建立影响力网络以支持项目集成果	使用他人的职位权力来提升影响力的示例	在需要时使用德尔菲技术、头脑风暴会议并采纳其他专家建议；向专家网络提供信息并向其征求反馈意见
	接受自己的不足，并根据需要采纳主题专家 SME 的意见	使用第三方的知识力量来提升影响力的示例	从最接近工作的人那里获取信息，以及那些对主题领域、市场、环境或者项目集的其他要素有更深入了解的人那里获取信息
	展现出为高级管理者提升项目集价值的能力	为项目集建立关系网和收集支持，而不是为个人利益运作的示例	向高级管理者、相关方团体和客户展示了项目集与战略目标、效益实现和整合的一致性

X4.2.3　管理

管理是通过调配和使用人力资源、财务资源、物料资源、知识资源和其他无形资源，来对项目集进行有效管理。

本单元的要素包括：

- 建设和维护项目集团队；
- 为项目集的成功有组织地规划和管理；
- 解决与项目集团队或相关方有关的冲突。

表 X4-16　管理——项目集经理个人能力

要素：建设和维护项目集团队			
绩效标准	**期　望**	**证据来源**	**示　例**
确保团队成员明确期望和责任，并了解自身对项目集的重要性	就角色和责任定期向团队征求反馈；澄清模糊的地方；记录项目集和项目的目标及责任并广泛沟通；定期进行团队例会、简报、回顾和一对一会议	• 来自项目集团队的有关角色和职责明晰的反馈记录； • 团队通信	明确记录责任分配矩阵，通过信函记录团队成员对角色和职责的接受程度；通过修改角色和职责，或者通过寻求他们的支持来纠正团队对角色和职责的异议所采取行动的证明
	从整个项目集范围开始逐级制定并分解团队和个人的工作范围及任务	项目和项目集的指示、任务，以及工作分派的文件记录	明确阐述了组件项目的范围说明书，将组件项目与整个项目集的范围联系起来； 通信证明了对项目经理创建组件项目章程、WBS、任务、资源配置及资源分派的监督和监管
	在项目集开始阶段建立资源分配矩阵（RAM），并在整个项目集阶段对其进行维护	发布的资源分配矩阵（RAM）	记录、更新和接受资源分配矩阵（RAM）
	定期进行团队会议和简报，邀请每位成员参与活动讨论；按需举办一对一会议	每位团队成员积极参与团队活动的示例	会议记录（会议纪要或其他文件）包括对团队成员的角色和职责的讨论、积极从团队成员处收集的反馈、为获得项目集最大效益而采取的寻求支持或修改角色和职责的行动
在团队成员之间保持积极的态度和高效的关系	根据需要，解决或促进解决项目集团队成员之间及项目之间的冲突； 支持项目经理和团队实现他们的目标	有效解决冲突的示例	通信、会议纪要和其他文件（包括解决冲突的行动参考、项目集问题日志）识别了问题及其解决方案
	定期向团队征求关于团队态度和效率的反馈；响应已识别的问题和疑虑	记录团队成员的反馈，如： • 以理服人； • 真正重视团队中其他人的意见和专业知识； • 愿意向他人学习	定期的绩效评估征求了所有团队成员的“360 度反馈”，并对成员反馈进行分析，以识别其优势领域和待改进领域，从而发展待改进领域

续表

要素：建设和维护项目集团队			
绩效标准	**期　望**	**证据来源**	**示　例**
在团队成员之间保持积极的态度和高效的关系	了解团队关系的重要性；创造和寻求机会，以促进团队内的协作	团队活动的示例，以促进团队内部的凝聚和融洽	鼓励协作的团建活动、建设性的团队娱乐活动、政策和程序
	积极寻求并找到奖励团队的机会	庆祝团队协作和成就	团队活动照片；在简报、文章或其他媒体上发布的团队成就和个人成就
识别、评估和选择内部和外部人才	理解并记录项目集当前和未来的人力资源需求	项目集资源需求文件	确保记录的资源负载、资源平衡、资源分配表准确并得到定期更新；考虑探索法和实际资源的可用性；资源分配冲突得到解决；任务存在而无须加载资源
	在项目集和组织的内部及外部建立人才网络，以满足当前和未来的人力资源需求	从内部人才库中识别的合适的团队成员清单	记录资源的可用性并不断对其更新；与直线经理沟通资源的可用性，并反映在资源数据库中，每个资源的可用性以实际方式记录
	使用标准方法确定项目集的人才需求；展现能确定项目集需求并匹配人力资源池的能力	事先定义的获取资源的选择标准	根据所需的技能和素质确定和记录资源需求；资源可用性反映了可用于组织内部和外部的资源； 对于项目集要求而言，资源映射反映了可用资源（和资源缺乏）在资源可用性方面的差距
促进健康的工作与生活的平衡	为团队成员建设和促进健康的工作与生活平衡的文化和环境，并保持个人绩效；经常向团队征求反馈；响应已识别的问题和疑虑	• 项目集团队成员的反馈记录； • 在会议纪要中记录的平衡问题； • 为了获取平衡而采取的行动计划的记录	项目集团队成员的反馈记录； 会议纪要记录了工作与生活间的平衡问题； 为了获取工作与生活间的平衡而采取的行动计划的记录
	定期调查团队，了解那些消耗过多时间的活动、替代方法及提高效率的建议；就收到的意见给团队提供反馈	为了提高工作效率、生产率而采取行动的示例	记录了团队的调研结果、假设情景的文档和日常任务替代方法的检查
要素：为项目集的成功有组织地规划和管理			
绩效标准	**期　望**	**证据来源**	**示　例**
与他人一起清晰地识别项目集范围、角色、期望和任务说明	在规划过程，从团队和相关方处收集反馈，响应已识别的问题和疑虑	在规划过程中团队其他人的参与度的反馈记录	清晰记录了项目集范围、相关方（包括团队成员、用户、客户和其他方）的输入证明（如适用）、目标的清晰说明、级联到任务级别的综合工作分解结构（如适用）

续表

要素：为项目集的成功有组织地规划和管理			
绩效标准	**期　　望**	**证据来源**	**示　　例**
将组织或行业标准和被普遍接受的实践应用于项目集	根据项目集发起人的要求，建立适合项目集的项目集治理和质量标准；使用 PMO、行业和/或公司标准；向团队、相关方和主题专家（SME）就使用的实践方法征求反馈意见；响应已识别的问题和疑虑	来自项目集团队、相关方和主题专家的有关遵循行业普遍接受的实践的示例和反馈	适用的法规、组织和行业标准的研究证据，以及为实现和满足这些标准的步骤、程序的记录； 标准在团队成员之间是可用和可共享的；项目和项目集的质量保证、质量控制活动应将标准考虑在内，并根据这些标准来衡量可交付成果；项目集和项目活动包括遵守标准；获取和记录反馈；在不一致的情况下采取行动并做好记录
	裁剪公司或 PMO 标准以满足或超过相关方期望	拟议的措施和改进方案旨在达到或超过被行业普遍接受的实践	
	制订基于 PMI、行业和企业标准的项目集计划	包含行业标准的项目集计划	确保和验证符合标准的活动包括在项目集和项目范围内，并分配资源，作为项目集/项目监督和控制的一部分进行监督
为了成功完成项目集，适当裁剪被普遍接受的实践方法	裁剪公司或 PMO 标准以满足或超过相关方期望；使用与项目集相关的主题专家（SME）	对被普遍接受的实践方法进行修改的记录	确保和验证符合标准的活动包括在项目集和项目范围内，并分配资源，作为项目集/项目监督和控制的一部分进行监督
	建议基于项目集的经验教训和最佳实践来裁剪程序	对批准的项目集管理程序进行变更，以适应被普遍接受的实践	向负责项目集的相关方，以及负责根据项目集经验教训制定组织标准和政策的相关方提供反馈记录
对项目集信息进行组织，强调适当的细节水平	方法论与 PMI 和/或 PMO /公司政策相一致	项目集使用的标准方法的示例	明确阐述了反映和维护 PMI 标准中的生命周期和管理过程的方法论，并将标准中的管理工件进行相关应用
	获取或被授权获取关键的项目集信息；开发和使用数据库、文件来获取信息	• 会议纪要； • 项目集/项目状态报告或更新； • 项目集/项目工件的知识库； • 知识管理的示例	项目集信息系统包括了反映项目集信息、事实、行动计划、纠正措施的工件，以及在一定程度上支持并促进管理和控制的其他信息
坚持遵守流程、程序和政策	对流程、程序和政策合规性进行审计和审查；建立、更新和使用关键绩效指标；定期与团队一同评审指标	• 监控流程、程序和政策的合规性； • 执行政策和流程的示例； • 项目和/或项目集管理所使用的绩效指标的记录	记录的合规审查计划、审计结果、纠正措施，以及确保已执行并有效完成的纠正措施
	审查项目集审计的成果，与团队一起审核并讨论缺陷和改进机会	执行政策和流程的示例	项目集信息系统包括了反映项目集信息、事实、行动计划、纠正措施的工件，以及在一定程度上支持并促进管理和控制的其他信息

续表

要素：解决与项目集团队或相关方有关的冲突			
绩效标准	期　望	证据来源	示　例
记录合规性的审查计划、审计结果、纠正措施，并确保纠正措施已得到有效执行和完成	在项目集启动时，根据 PMO 或组织标准制定合规/审计政策、流程和程序	审计报告、合规日志的记录	创建和维护合规计划，执行审计并记录
确保团队和相关方完全知晓团队规则	在项目集启动时，根据 PMO 或组织标准建立项目集政策、流程和程序	团队规则的记录	记录、分发和讨论团队规则；对团队规则的反馈进行收集和分析；对规则进行改进/修改，并在符合项目集最大效益的情况下进行记录；团队规则反映了/没有反映组织规则、政策和程序的冲突
识别冲突	解决或促进消除在项目集中出现的冲突；识别潜在冲突的领域并设法减少冲突	项目集内发生冲突的示例	预先主动采取措施以识别和解决冲突
	定期征求团队对冲突解决的反馈意见；响应已识别的问题和疑虑	团队的调研成果	调查证据、调查成果、成果分析、根据调查结果做出的决定，以及相应的行动
解决冲突	定期征求团队对冲突解决的反馈意见；响应已识别的问题和疑虑	所使用的冲突解决技术的示例； 来自团队和相关方对冲突解决的满意程度的反馈	问题日志通过及时、有效的方式确定问题并解决此类问题

X4.2.4 认知能力

认知能力是指在变化和发展的环境中，通过使用适当程度的感知力、洞察力和判断力，来有效地指导项目集。

本单元的要素包括：

- 对项目集进行全面了解；
- 有效处理争议并解决问题；
- 使用适合的项目集管理工具和技术；
- 寻求改善项目集成果的机会。

表 X4-17　认知能力——项目集经理个人能力

要素：对项目集进行全面了解			
绩效标准	期　望	证据来源	示　例
了解项目集相关方的需求、利益及对项目集成功的影响	分析项目集相关方，为沟通和其他变更需求制定适当的策略；制定权力影响力网格	相关方分析	相关方分析、权力/影响图、热力图和参与计划的记录
	根据相关方的分析和输入，开展沟通，包括会议和汇报；在计划中适当记录沟通计划的依据	与相关方需求保持一致的沟通计划	项目集沟通计划囊括了所有相关方及相关方群体
	寻求相关方的意见，确保恰当地获取他们的需求和目标	在项目集章程和计划中记录的相关方需求和目标	与相关方、相关方群体对话的证据记录
理解单个项目如何影响项目集，最终如何影响组织环境	在分析特定项目问题和识别备选方案以决定合适的行动方案时，要全面考虑项目集的目标和成果	将外部事件与项目集的执行关联起来	将项目可交付成果和产生这些可交付成果的活动清晰映射到项目集效益的实现计划中，并定期监督和调整
	能够理解和评估项目与项目，以及项目与项目集的关系和影响	单个项目对项目集和组织环境的影响的记录	项目间的依赖性、问题和风险在项目集层级获取、监督和控制
理解正式及非正式的组织结构	在相关方之间建立影响力网络；定期征求相关方的反馈意见；响应问题和疑虑	对相关方正式和非正式使用组织知识的反馈记录	沟通计划符合所有相关方的需求；执行计划并证明如何从相关方那里征求反馈
了解组织政治	在相关方之间建立影响力网络；定期征求相关方的反馈意见；响应问题和疑虑	相关方对组织政治运作能力的反馈记录	沟通计划符合所有相关方的需求；执行计划并证明从相关方那里征求反馈
使用情商来理解、解释别人过去的行为和当前的态度，以及预见别人未来的行为	经常向团队了解他们相互理解、有效互动的能力；利用过去的经验和情商，预测、化解情境行为，并为团队中的个人提供指导	• 能够获取团队口头和非口头线索的记录； • 来自团队的反馈记录说明所显示的行为举止是得当的	沟通计划符合所有相关方的需求；执行计划并证明从相关方那里征求反馈
	识别关键人物的个性和特点，以匹配相应的说服、激励技术	对不同个人采用恰当的说服、激励技术的反馈进行记录	沟通计划符合所有相关方的需求；执行计划并证明从相关方那里征求反馈
要素：有效处理争议并解决问题			
绩效标准	期　望	证据来源	示　例
降低问题的复杂性以便进行完整而准确的分析	展现出理解、描述和解释项目集问题和项目相互依赖关系的能力	项目集问题及相互关系的可视化表现（如清单、图表、关系图等）	分析记录包括使用视觉分析技术识别问题的根本原因和解决方案
	有能力评估、开发用以解决复杂问题的可视化辅助工具，并定义明确的问题解决步骤	分析文件表明，采用分解技术可把复杂的问题进行拆分，以找到解决方案	分析记录包括使用视觉分析技术识别问题的根本原因和解决方案
根据需要使用复杂的概念或工具	在需要时让主题专家（SME）、项目集团队参加，并采用特定的技术，同时对问题日志进行适当的维护，以发现问题，进而分析和找到解决问题的途径	• 问题日志提供了用于分析复杂问题的方法； • 有关根本原因分析、项目集分析、专家判断等内容的记录； • 支持问题解决的分析记录	分析记录包括使用视觉分析技术识别问题的根本原因和解决方案；问题日志包括问题的获取、分析、分派和解决；所有工件都证明了 SME 的参与
运用所学教训解决当前项目集问题	评审和定期更新经验教训的记录	将经验教训应用于当前项目集问题的记录	维护和定期更新经验教训日志，问题日志和会议纪要都表明经验教训的使用情况

续表

要素：有效处理争议并解决问题			
绩效标准	期　望	证据来源	示　例
汇集多个相关问题以了解全局	在分析具体项目/项目集问题时考虑项目集目标和总体结果，并确定采取适当的行动方案；展示项目集知识，以识别与特定问题有关的相关趋势	总结报告或项目/项目集记分卡概述了问题之间的关系和联系	问题日志记录了尚未解决的问题、方案和活动；分析记录包括使用视觉分析技术识别问题的根本原因和解决方案；问题日志包括问题的获取、分析、分派和解决；所有工件都证明了 SME 的参与
观察项目/项目集数据中的偏差、趋势和相互关系	定期接收和审查项目集数据；能够识别、质疑数据中的差异；在必要时，使用判断方法以申请对数据进行验证；分析项目集指标并采取必要的行动	• 信息验证和确认的请求； • 趋势分析记录	项目集监督包括审查各个组件项目及运营工作的进展数据；汇集数据以评估对总体项目集绩效的影响；采取过必要的纠正措施；项目集管理信息系统包括上述所有的记录或工件
要素：使用适合的项目集管理工具和技术			
绩效标准	期　望	证据来源	示　例
理解项目、项目集和项目组合管理的工具和技术	制定与PMO管理相一致的项目集管理标准和过程；在制定过程中视要求和适当的情况邀请主题专家、团队和相关方参与；在必要时进行审查和更新	可用工具和/或技术的清单	PMI 认证在有效期内；将 PMI 标准中工具和技术应用到相关的项目集和组件项目中
选择合适的工具和/或技术	定义一套工具和技术，用作项目集治理和选择过程的一部分	• 已选工具和/或技术的清单； • 选择过程和结果的记录	将 PMI 标准中工具和技术应用到相关的项目集和组件项目中
在项目集管理中使用所选择的工具和/或技术	定期审查和更新项目集文档，以获取已完成的项目集成果	通过使用工具和/或技术所取得的成果	将 PMI 标准中的工具和技术应用到相关的项目集和组件项目中；在项目集层级，工件、工具和技术应该与应用面保持一致
要素：寻求改善项目集成果的机会			
绩效标准	期　望	证据来源	示　例
为寻找机会、解决疑虑提供指导框架	建立一个框架，以识别和应对问题、改进机会，并授权团队使用；利用团队成员的意见，填入风险、机会和问题跟踪	• 发送给所有项目团队成员的问题、相关机会和疑虑的清单，以及明确的沟通更新流程； • 维护当前问题日志，并且就其中的变化和增加的内容与所有相关方进行沟通； • 会议纪要记录了所识别的问题，以及针对问题的解决方案； • 将行动方案和获得的结果进行比较	项目集风险管理不仅应用于消极风险，也应用于积极风险（机会）； 在日志中识别和获取机会，分析其概率和影响，在机会实现时确定行动计划； 对每个机会进行效益/成本分析、假设情景分析及其他分析； 使每个案例都获得相关方/发起人/客户的批准；为实现机会执行行动计划
寻求提升项目集价值或执行方面的机会	建立一个框架，以识别和应对问题、改进机会，并授权团队使用；利用团队成员的意见，填入风险、机会和问题跟踪	• 风险登记册表明了相应的机会； • 头脑风暴、会议等集体活动的会议纪要识别了新的机会； • 记录项目集中的建议、采取的与结果相关的行动	项目集风险管理不仅应用于消极风险，也应用于积极风险（机会）； 在日志中识别和获取机会，分析其概率和影响，在机会实现时确定行动计划； 对每个机会进行效益/成本分析、假设情景分析及其他分析； 使每个案例都获得相关方/发起人/客户的批准；为实现机会执行行动计划

续表

要素：寻求改善项目集成果的机会			
绩效标准	期　望	证据来源	示　例
当相关机会出现的时候，能够抓住它	维护向项目集发起人推荐，以及识别项目集改进计划所采取行动的文件	• 有关机会分析的会议纪要； • 变更控制流程的输入； • 在项目集的生命周期中，机会出现的时刻的示例	项目集风险管理不仅应用于消极风险，也应用于积极风险（机会）； 在日志中识别和获取机会，分析其概率和影响，在机会实现时确定行动计划； 对每个机会进行效益/成本分析、假设情景分析及其他分析； 使每个案例都获得相关方/发起人/客户的批准；为实现机会执行行动计划
整合机会，并将其传递给组织	维护文件，记录为项目集带来增值的机会； 展示具备分析机会、排序证据优先级，以及选择具备最高识别潜力的机会的能力	• 有关项目集机会的电子邮件、会议纪要和其他沟通工件； • 向客户或内部相关方提交的书面建议书表明跟进了已识别机会的附加值； • 识别和跟进的机会数量	项目集风险管理不仅应用于消极风险，也应用于积极风险（机会）； 在日志中识别和获取机会，分析其概率和影响，在机会实现时确定行动计划； 对每个机会进行效益/成本分析、假设情景分析及其他分析； 使每个案例都获得相关方/发起人/客户的批准；为实现机会执行行动计划

X4.2.5　高效

高效包括在所有项目集管理活动中使用合适的资源、工具和技术来产生期望的结果。

本单元的要素包括：

- 解决项目集问题；
- 保持项目集相关方的参与度、积极性和支持；
- 按照要求的速度进行变更，以满足项目集需求；
- 必要时展现自信。

表 X4-18　高效——项目集经理个人能力

要素：解决项目集问题			
绩效标准	**期　望**	**证据来源**	**示　例**
采用合适的问题解决技术	记录解决方案的问题日志表明，解决方案在项目集范围内，并具有评估解决方案的标准	带有解决方案文件的问题日志	问题日志记录了尚未解决的问题、方案和活动；分析记录包括使用视觉分析技术来确定问题的根本原因及其解决方案；问题日志表明问题的获取、分析、分派和解决
	定期征求相关方的反馈意见；相关方的反馈表明，双方就使用的技术与工具达成了一致	• 来自相关方的解决问题技术的反馈； • 适当使用知识管理工具的记录	关于解决问题的可替代方案的反馈记录；来自受影响的相关方的通信表明，他们接受、同意所提出的解决方案或者对所提出的解决方案达成共识
验证提议的方案是否解决了问题，并且没有超出项目集边界	审核项目经理的建议和分析，接受或修改有适当理由的建议	适当使用知识管理工具的记录	记录在案的通信（或问题日志中的记录）表明，对建议的反馈已传播，无论反馈是被接受、合理拒绝还是修改
	记录解决方案的问题日志表明，解决方案在项目集/项目范围内，并具有评估解决方案的标准	带有解决方案文件的问题日志	问题日志包含完成解决方案所需活动的步骤概述，以及问题的最终解决方案和所展示的预期成果的实现
	定期征求相关方对问题解决的反馈意见。在反馈中极少要求项目集经理解决未解决的疑虑/问题	来自相关方的有关问题已经得到解决的反馈记录	仅促进有关相关方的参与；通信表明已征求相关方的反馈
选择能够使项目集效益最大化、项目集负面影响最小化的解决方案	定期征求相关方对问题解决的反馈意见。在反馈中极少要求项目集经理解决未解决的疑虑/问题	来自相关方的有关问题已经得到解决的反馈记录	替代解决方案的分析记录；分析包括成本/效益、假设情景、决策树和其他替代评估方法，已证明选择的替代方案成本最低，收益最高，并且所有计算均基于现实的假设
	评估实施解决方案后的项目集，并确定对项目集内部的影响和对其他项目外部的影响	• 记录了解决方案对项目集的影响； • 记录了解决方案对外部和/或环境产生的影响	替代解决方案的分析记录；分析包括成本/效益、假设情景、决策树和其他替代评估方法，已证明选择的替代方案成本最低，收益最高，并且所有计算均基于现实的假设
要素：保持项目集相关方的参与度、积极性和支持			
绩效标准	**期　望**	**证据来源**	**示　例**
通过与相关方的沟通来保持相关方的积极性	定期通过举办专题讨论会来与相关方互动，包括各种正式和非正式媒介；定期征求相关方的反馈；对问题和疑虑做出响应	• 沟通计划； • 相关方分析的更新； • 来自相关方的反馈记录表明他们感受到了动力	沟通计划可以获取相关方和相关方群体的需求；包括及时设定相关方的期望，提供必要的保证和其他要求；包括对进展信息，以及效益实现的跟踪和支持的获取，建立基于最终状况的兴趣和动机

续表

要素：保持项目集相关方的参与度、积极性和支持			
绩效标准	**期　望**	**证据来源**	**示　例**
不断寻找机会，就项目集状态、方向与相关方进行沟通，以期满足相关方的需求和期望	定期举办专题讨论会，以便与相关方互动，包括各种正式和非正式媒介；定期征求相关方的反馈；对问题和疑虑做出响应；反馈表明沟通是可以接受的，并且正在满足需求	• 个人抓住机会以沟通项目集状态的示例； • 来自相关方的关于如何满足其需求的反馈记录	利用正式沟通渠道，如组织的通信、媒介和其他手段，以及非正式沟通渠道，包括但不限于社交媒体和其他可用于加强与相关方沟通的沟通工具
引入专家，使其参加会议和讨论，从而影响并获取相关方的支持	在相关方之间建立影响力网络；引入主题专家以增强信任；记录主题专家参与项目集，并给予共识与支持的情况	• 如何就不同问题达成共识并取得支持的示例； • 邀请主题专家为相关方提供咨询的会议纪要	会议纪要和其他形式的保存记录包括了相关方和主题专家参与的证据
以客观性达成共识	与团队、相关方在互相尊重和信任的基础上建立专业的关系；证明决策基于事实和逻辑	使用最佳实践进行团队决策的记录	研讨会的记录、会议纪要和其他能清晰表明有关达成共识的协作活动的记录
	与团队在互相尊重和信任的基础上建立专业的关系；拥有了解个人、团队行为的记录，以获得最优解决方案	影响有偏见的团队成员转向客观立场的示例	与有偏见的团队成员的通信显示了项目集经理的客观性，展示了项目集经理如何向组织和有偏见的团队成员解释、展示项目集结果的价值
要素：按照要求的速度进行变更，以满足项目集需求			
绩效标准	**期　望**	**证据来源**	**示　例**
适应项目集环境的变化，把负面影响降到最小	定期征求相关方关于适应变更的反馈意见；响应已识别的问题和疑虑	来自相关方的反馈记录表明，不论如何变更，项目集经理仍然表现出“能做”的态度	主动识别变更，积极响应变更请求，进行尽职调查和变更影响分析(或确保严格执行)，批准提升项目集成果和价值的变更，填入变更日志并定期对其更新
	定期评估风险；审查风险登记册中把不利影响最小化的风险减轻活动及文件	风险减轻活动的记录	编制并不断更新风险登记册，基于现实的假设进行严重性分析，明确界定风险减轻行动并将其纳入项目集和组件计划，分派风险负责人并识别触发因子
展示有益于项目集变更的灵活性	接受持续的审查、分析和变更，以支持项目集成果；征求团队成员的意见，以填入风险、机会和问题；优先考虑并选择可能影响项目集的机会	• 在识别出新的机会后，更新风险登记册； • 机会分析记录； • 变更请求	编制并不断更新风险登记册，基于现实的假设进行严重性分析，明确界定风险减轻行动并将其纳入项目集和组件计划，分派风险负责人并识别触发因子；将风险按优先级排序
采取积极行动，抓住机会或解决目前的问题	接受持续的审查、分析和变更以支持项目集成果；使相关方参与机会分析	相关方的反馈记录展示了项目集经理以行动导向的主动方法	定期审查项目集绩效，可以按阶段门或其他形式；融合多个相关方的评审和反馈；确定问题、变更和缺陷并采取相应措施
	从项目集文件中获取重大问题的解决方案，用于未来参考并当作经验教训	项目集经理解决重大问题的示例	问题日志记录了尚未解决的问题、方案和活动；分析记录包括使用视觉分析技术来确定问题的根本原因及其解决方案；问题日志表明问题的获取、分析、分派和解决
	积极促进项目集资源库的使用，以应对实时变化	项目集文档库（在项目集执行期间使用的技术、技巧或方法的相关文件）	项目集文档库是全面的、连贯的和最新的；其中所有的工件和信息都是相关和可靠的

续表

要素：按照要求的速度进行变更，以满足项目集需求			
绩效标准	**期　望**	**证据来源**	**示　例**
通过促进持续学习，创建变革友好型环境	积极推动团队和个人发展，并承认发展是项目集文化的一部分；项目经理根据团队和个人绩效被授权(并评估绩效)；与职能经理或 PMO 合作以促进个人发展	向团队成员推荐培训的记录	为团队成员制订并执行专业发展计划；评估所有团队成员和项目经理的绩效，设置 KPI，并对照所有这些 KPI 对绩效进行分析
	单独的团队资源计划和项目允许有足够的时间进行发展和调查	项目集进度计划包括团队成员研究新解决方案、情境或技术的时间	将研究、发展和调查明确确定为任务，纳入项目集和组件项目计划中，并为此类活动分配足够的时间
	积极促进项目集资源库的使用，以应对实时变化	项目集文档库及相关技术文件；在项目集执行期间使用的技术或方法	项目集文档库是全面的、连贯的和最新的；其中所有的工件和信息都是相关和可靠的；记录、沟通、通信和其他工件表明，项目集经理积极引导团队成员参考项目集文档库
充当变更的推动者	定期征求相关方对项目集变更的反馈；响应已识别的问题和疑虑	来自相关方的关于项目集经理发起或推动变更的反馈记录	主动识别变更，积极响应变更请求，进行尽职调查和变更影响分析(或确保严格执行)，批准提升项目集成果和价值的变更，填入变更日志并定期对其更新
	定期征求相关方的反馈；在反馈中极少要求项目集经理就问题和疑虑做出响应	来自相关方的反馈记录表明，项目集经理表现积极、自尊和自信	

要素：必要时展现自信			
绩效标准	**期　望**	**证据来源**	**示　例**
必要时能主动采取行动，承担一定的风险，以加速项目集交付	定期征求相关方对项目集经理主动推进项目集进展的反馈；响应问题和疑虑	来自相关方的反馈确认，项目集经理在必要时主动采取了行动	项目集记录显示了积极主动的决策制订；对难题、问题和挑战的应对；对风险和问题的不断监督
	维护显示问题和解决方案的及时性的文件	• 记录解决方案的问题日志； • 问题升级报告，显示及时的决策路径	问题日志记录了尚未解决的问题、方案和活动；分析记录包括使用视觉分析技术来确定问题的根本原因及其解决方案；问题日志表明问题的获取、分析、分派和解决
防止没有结论的讨论，制订决策，采取适当的行动	定期向团队征求反馈意见；为了团队利益能够巧妙地拒绝或重新引导没有结论的建议，并愿意为推动项目集做出简明的决策；响应问题和疑虑	• 团队成员对所采取的行动的反馈； • 项目集经理能够在不引起争议的情况下拒绝提案，同时保持合作的示例； • 项目集经理能够通过评估现状、果断行动来处理危机的示例	对所有出现的问题和挑战都采取了相关行动的记录；所有问题和行动都有明确的截止日期和审查日期，以确定预期成果，并根据预期衡量成果

续表

要素：必要时展现自信			
绩效标准	**期　望**	**证据来源**	**示　例**
在行动中体现坚持与一贯性	定期征求相关方对项目集经理在问题上的行动的反馈，这样他们就不会对问题置之不理	来自相关方的反馈表明，项目集经理展示了坚持和一贯性的特质	与相关方的通信和/或沟通表明，项目集经理主动征求反馈意见，积极考虑负面反馈，并尝试采取纠正措施
	建立定期论坛，及时推动有关问题的决策，以满足相关方的需求	会议纪要、行动条目记录和显示所做决策的状态报告	通过分析体现坚持和严谨性的会议纪要、记录和沟通，建立后续行动
	无论项目环境如何，在整个项目集阶段都能激励大家	在面对挑战时保持动力的示例	执行激励活动；通过激励演讲、演讲和沟通，以突出对组织和团队成员的效益
在管理不确定性时，依据事实做出及时决策	基于信息和适当的分析，及时决策与沟通；不会无视或忽略风险和问题；问题记录展示了问题被及时处理	• 决策备忘录或决策分析文件展示了对问题的客观分析和及时决策； • 问题日志显示从记录到解决的时间； • 问题升级报告显示及时的决策路径	问题日志记录了尚未解决的问题、方案和活动；分析记录包括使用视觉分析技术来确定问题的根本原因及其解决方案；问题日志表明问题的获取、分析、分派和解决

X4.2.6　职业精神

在项目集管理实践中，在责任、尊重、公平和诚实等方面能够遵守职业道德。

本单元的要素包括：

- 对项目集的承诺言出必行；
- 做事诚实正直[1]；
- 正确应对个人和团队所处的逆境[1]；
- 管理多元化的员工队伍[1]；
- 客观解决个人和组织争议[1]。

1 英文原版此处有此点，但英文原版的表 X4-19 中没有此点内容。

表 X4-19 职业精神——项目集经理个人能力

要素：对项目集的承诺言出必行			
绩效标准	**期　望**	**证据来源**	**示　例**
理解并积极支持项目集及组织的使命与目标	使用商业分析技能，定义基于公司使命及目标的项目集和项目目标；确定项目集发起人的项目集改进计划	• 使项目集目的、目标与组织使命及策略相一致的记录； • 已定义的项目集活动能够支持组织目标的示例	项目集商业论证表明其目标、成果、效益和结果将如何服务于项目集任务和目标；包括衡量方法和标准；项目集效益监督和实现计划清楚地展示了对项目集任务、目标和价值的联系度和贡献度
	即使面对不同的个人偏好，也有能力引导团队朝着组织的方向发展	当项目集目标与个人偏好不同时，给予支持的示例	项目集文件包括在必要时为保持项目集与项目集目标、效益和价值相一致而采取的纠正措施的证明
与所有相关方合作，以实现项目集目标	与相关方建立基于信任、互相尊重的专业关系；展示出设定共同目标，帮助协调团队、客户和管理层的能力	通过具体合作来努力实现项目集目标的示例	清晰地阐述和执行相关方管理计划表明，大多数相关方和相关方团体的参与、清晰的沟通以及期望和目标的设定；所有沟通是真实的，与现实完全一样
	展示出在项目集生命周期的相关阶段通过提供充分的支持、指导，将团队发展成高绩效团队的能力	使用团队建设技术，促进合作的示例	活动、团建活动、建设性娱乐活动、团队辅导，以及针对集体和个人进行的反馈会议
在必要时做出牺牲以推动项目集前进	展示出将个人收益与整个项目集收益区分开的能力；深思熟虑，评估项目上的牺牲，以获得更大的项目集效益	采取行动以有效执行项目集，同时把个人利益放在较低优先级的示例	通过开展成本/效益分析、风险分析和假设条件分析，来分析备选方案；决策是基于分析结果的，而不仅仅是观点
	展示出抛开挫折，继续推动项目集以获取积极的整体成果的能力	项目集经理在面对项目集挑战时态度积极的示例	逆境中的沟通和通信展示出积极的态度、团队的动力，以及尝试解决、克服和面对挑战的决心
要素：为项目集的成功有组织地规划和管理			
绩效标准	**期　望**	**证据来源**	**示　例**
与他人一起清晰地识别项目集范围、角色、期望和任务说明	通过关键相关方的参与，制定和维护用于创建项目建议书的过程，建议书具有明确识别的范围、角色和期望	已征求的和主动提供的反馈	对规划过程中其他人的参与程度的反馈记录
将组织或行业标准和被普遍接受的实践应用于项目集	根据组织标准和行业最佳实践，制定和维护用于项目集/项目审查、优先级排序和审批的政策及程序	作为项目集实践的一部分，就须遵守的标准进行沟通	项目集团队、相关方和主题专家对遵循被行业普遍接受的实践的示例及反馈
	采用行业最佳实践并使其适应于组织流程和程序；参与 PMI 活动（如研讨会，大会）并利用 PMI 的在线论坛（如 ProjectManagement.com）		为达到或超过被行业普遍接受的实践而提议的措施和改进方案
	制定正式的项目集管理战略，并通过持续改进来努力维护该战略		包含了行业标准的项目集计划

续表

要素：为项目集的成功有组织地规划和管理			
绩效标准	**期　望**	**证据来源**	**示　例**
为了成功完成项目集，适当裁剪被普遍接受的实践方法	创建和维护定义明确的方法，包括用于持续改进的正式审查的过程	作为确定项目集成功的一部分，就必须遵守的实践进行沟通	被普遍接受的实践变更的记录
	制定正式的审查过程，以确定改进的领域，从而使项目集/项目能够取得成功		为适应被普遍接受的实践而批准的项目集/项目管理程序的变更
对项目集信息进行组织，强调适当的细节水平	确保项目集和项目方法允许为各种类型的计划裁剪	领导有关信息的讨论/演示	项目集、项目使用的标准方法的示例
	提供正式的记录和存档的会议纪要的流程和模板		会议纪要
	为项目集和项目建立定期汇报状态的流程和模板，并将其编制成项目组合报告		项目集/项目的状态报告或更新
	为所有项目集和项目维护清晰明确的、可控的和安全的知识库		项目集/项目工件的知识库
	提供和维护经验教训库，并将经验教训调研确定为方法论的一部分		知识管理的示例
坚持遵守流程、程序和政策	在项目集级别建立阶段审查和审计的流程，并根据新方案的类型进行定制；确保定期进行审查	监督流程、程序和策略的合规性	根据组织标准更新和维护日志
	通过阶段审查和审计审查来确定改进的领域，并将这些知识传达给所有适当的相关方以供实施	支持并证明持续的合规性	执行政策和流程的示例
	创建和维护适当的关键绩效指标（KPI），使项目集和项目与组织的战略计划和目标保持一致	沟通适当的指标	使用绩效指标管理项目的记录
要素：解决与项目集团队或相关方有关的冲突			
绩效标准	**期　望**	**证据来源**	**示　例**
确保团队和相关方完全知晓团队规则	制定和维护冲突解决、冲突升级流程的组织政策、标准和指导方针；定期审查指导方针，以确保其能代表最佳实践	关于团队规则的团队沟通	团队规则的记录
识别并解决冲突	在项目集层级进行反馈，以识别项目集和项目之间的主要冲突来源	已征求的和主动提供的反馈	团队调研的结果
	利用多种技术促进不同项目集和项目的团队成员与相关方之间的冲突解决	在团队内部积极解决冲突	所使用的冲突解决技术的示例
	收集冲突解决后的反馈，以确保以最佳方式解决了冲突	已征求的和主动提供的反馈	来自团队和相关方对冲突解决的满意程度的反馈

X4.3 项目组合经理绩效能力单元

X4.3.1 项目组合战略管理

项目组合战略管理包括制订项目组合战略计划、项目组合章程和项目组合路线图的过程，以及评估和管理这三种可交付成果与组织战略和目标的一致性。此外，项目组合战略管理涉及对组织战略和项目组合组件的持续变更进行管理、监督和响应，以确定适当的行动。行动可能包括对战略和目标的修订，或者对项目组合本身的变更。

本单元的要素包括：

- 制订项目组合战略计划；
- 制订项目组合章程；
- 定义项目组合路线图；
- 管理战略变更。

表 X4-20 项目组合战略管理——项目组合经理绩效能力

要素：制订项目组合战略计划			
绩效标准	**期　望**	**证据来源**	**示　例**
根据工作清单制订项目组合计划，并与组织战略和目标保持一致	理解组织战略和目标，并与他们的工作清单保持一致	项目组合战略计划及组织的战略和目标	与组织的战略目标一致并经过全面和周密筹划的项目组合计划
要素：制订项目组合章程			
绩效标准	**期　望**	**证据来源**	**示　例**
根据组织战略和优先级，以及为了促进有效的管理而分组的项目组合组件，定义项目组合组件和总体结构	带领部分项目组合章程的制订	项目组合章程	清晰、明确的并经签署的项目组合章程
要素：定义项目组合路线图			
绩效标准	**期　望**	**证据来源**	**示　例**
分析项目组合组件以确定其相关性和优先级，并记录生成的计划	充分了解整体业务，以便定义、记录和获得有关组件相关性的共识。执行此战略计划的日程表并识别组件间的相关性，以最大限度地减少冲突并消除差距	项目组合路线图	路线图是保持一致的项目、项目集进度计划及里程碑的集合
要素：管理战略变更			
绩效标准	**期　望**	**证据来源**	**示　例**
评估组织战略变更的影响，并相应地调整项目组合资源和/或组件组合	审核和评估变更请求；带领与变更请求相关的讨论；处理变更请求；评估批准的变更请求对项目组合计划、文件和交付成果的影响，并对报告进行相应修订	变更请求、项目组合计划、项目组合监督会议纪要	变更那些反映当前变更请求和记录的登记册，以确认对变更的理解和调整

X4.3.2 项目组合治理管理

项目组合治理管理包括对项目组合的监督，以及如何规划、定义、优化和授权项目组合，以支持总体治理机构的决策活动。项目组合治理管理确保进行投资分析以识别机会和威胁，评估变更、相关性和影响，选择、优先排序和安排需要资助的活动，以实现绩效目标。

本单元的要素包括：

- 制订项目组合管理计划；
- 定义项目组合；
- 优化项目组合；
- 定义治理结构；
- 授权项目组合；
- 提供项目组合监督。

表 X4-21 项目组合治理管理——项目组合经理绩效能力

要素：制订项目组合管理计划			
绩效标准	**期　望**	**证据来源**	**示　例**
定义项目组合管理计划的结构；监督并帮助定义各项子计划	带领项目组合管理计划的各项子计划的制订	组成项目组合管理计划的各项子计划	全面的概述包括所有相关的子计划，并明确记录
将各项子计划整合成完整一致的文件	将各项子计划整合到项目组合管理的总计划中	完全交叉引用、集成的项目组合管理计划	由所有子计划组成的单个集成文件
要素：定义项目组合			
绩效标准	**期　望**	**证据来源**	**示　例**
对项目组合组件进行识别、分类、评分和评级，以创建全面、最新的项目组合组件清单	充分了解整体业务，与项目组合治理一起对组件的优先级进行定义、记录，并达成共识	包括项目、项目集和运营工作的组件清单	在每个类别中的项目组合组件优先清单、组件类别优先清单； 根据新的优先级，更新项目组合路线图和项目组合管理计划
要素：优化项目组合			
绩效标准	**期　望**	**证据来源**	**示　例**
创建最具潜力的组件组合，以支持组织战略，并在组织风险框架内，在组织能力制约下，将项目组合的回报最大化	充分了解整体业务，与项目组合治理一起就项目组合组件的最佳组合进行制订、提议、协商，并达成共识	项目组合路线图、项目组合管理计划、过程资产及工件	调整项目组合组件的结构，导致了项目组合路线图、项目组合管理计划和其他项目组合过程资产和工件的更新

续表

要素：定义治理结构			
绩效标准	**期　望**	**证据来源**	**示　例**
明确定义治理委员会和项目组合经理之间的角色和职责，以及其互动的过程	项目组合治理计划	确保在项目组合中定义治理模型，以促进项目组合可交付成果与组织战略保持一致	项目组合经理应该被视为组织内治理的支持者，在组织战略、目标和目的上建设性地与项目组合（包括项目集和项目）保持一致；项目组合经理应该支持具有战略性的项目管理工具、技术和过程，以促进项目组合的成功
审查有关启动、过渡和关闭组件的请求	组件变更请求及其变更处理	通过分配资源来激活选定的项目组合组件，以制订组件方案或执行项目组合组件	明确项目组合变更的权限、并将这些变更可能的影响（成本、效益和风险）传达给相关方。在组织战略范围内，将项目组合组件进行同步、建设性调整、重新调整（整合已批准的变更）
要素：授权项目组合			
绩效标准	**期　望**	**证据来源**	**示　例**
对制订或执行已选定的项目组合组件的方案进行授权；将资源分配给已授权的组合组件	充分了解整体业务，以便与项目组合治理一起讨论和评估哪些组件将被允许继续进行及何时进行	项目集、项目章程和项目组合文件	签署的组件授权启动文件包括章程、变更登记册和相关的会议记录
向项目组合的相关方传达与项目组合授权有关的变更与决策	能够沟通复杂的观点，并用组织内各层级都易于理解的方式进行分析	有关相关方的沟通	电子邮件、备忘录和会议纪要反映了与相关方就变更进行的沟通
要素：提供项目组合监督			
绩效标准	**期　望**	**证据来源**	**示　例**
监督项目组合的执行情况，以确保其与组织战略、目标保持一致	在组织战略、目标的背景下评估组件的执行情况	会议记录、电子邮件和其他备忘录	电子邮件、备忘录和会议纪要反映了与相关方就变更进行的沟通
制订与项目组合绩效、项目组合方案和变更，以及资源可用性有关的治理决策	对组件变更、关闭/取消给出相应的建议；将这些建议、后续行动传达给感兴趣的相关方	项目组合状态报告、方案和变更请求，包括与这些组件相关的最终决策的文件	项目组合组件的状态报告、方案和变更请求包括与这些组件相关的最终决策的文件
确保在项目集、项目层面管理资源和人员的配备	有效支持项目组合中的项目集、项目的人员配备	会议记录、电子邮件和其他备忘录	支持项目经理根据项目章程、计划获得所需资源

X4.3.3　项目组合绩效管理

项目组合绩效管理是通过实现战略目标来系统地规划、衡量和监督项目组合的组织价值。此外，项目组合绩效管理还用于管理关键资源（如资金、资产和人力资源）的采购，以确保获得最佳回报。

本单元的要素包括：

- 制订项目组合绩效管理计划；
- 管理供求关系；
- 管理项目组合价值；
- 管理问题解决和项目组合变更；
- 审查项目组合绩效；
- 确保项目组合符合组织标准；
- 管理项目组合信息[1]。

表 X4-22　项目组合绩效管理——项目组合经理绩效能力

要素：制订项目组合绩效管理计划			
绩效标准	**期　望**	**证据来源**	**示　例**
根据组件目标，定义和记录用于衡量、分析组件进展的方法	了解衡量和汇报组件状态的复杂性	项目组合管理计划的更新	项目组合管理计划中项目组合绩效管理部分的更新
定义和记录用于管理资源利用率的方法	了解衡量和汇报资源需求及最佳利用率的复杂性	项目组合管理计划的更新	项目组合管理计划中项目组合绩效管理部分的更新
定义和记录用于计算并汇报组织价值及效益的机制	了解衡量和汇报组织价值和效益的复杂性	项目组合管理计划的更新	项目组合管理计划中项目组合绩效管理部分的更新
对如何评估相关方的信息需求，以及如何向他们汇报进行定义和记录	了解各类相关方的需求，并为每个类别制订适当的汇报级别	项目组合管理计划的更新	项目组合管理计划中项目组合绩效管理部分的更新
要素：管理供求关系			
绩效标准	**期　望**	**证据来源**	**示　例**
平衡组织的资源能力（供应）与执行组件、启动方案组件所分配或请求的资源（需求）	了解衡量和汇报组织价值的复杂性；了解组件效益与完成可交付成果、商业利益所需资源的对比	项目组合资源管理计划	资源分配及受资源分配影响的其他项目组合文件的更新

1 英文原版此处有此点，但英文原版的表 X4-22 中没有此点内容。

续表

要素：管理项目组合价值			
绩效标准	期　望	证据来源	示　例
制订项目组合价值的定义并对其达成共识	充分了解业务的复杂性，以促进和帮助在组织内对定义项目组合价值进行分析	项目组合预算、关键绩效管理登记册、其他有参考价值的文件	项目组合价值的定义；定义评估项目组合价值的方法，以便提供与组织战略目标和组织风险承受能力相一致的最大价值
管理项目组合，以实现与组织战略目标和组织风险承受能力相一致的最大价值	向相关方通报已批准的变更和产生的影响	项目组合预算、关键绩效管理登记册、其他有参考价值的文件	与项目组合价值最大化分析相关的组合或组合组件的变更申请、组合文件的更新
要素：管理问题解决和项目组合变更			
绩效标准	期　望	证据来源	示　例
审查需要高级管理层关注的项目集级别的跨组件的问题和严重的组件级别的问题；对项目组合计划进行适当的变更	确保项目组合已定义变更管理过程，使项目组合经理能够响应组织环境中的重大变更	变更请求及其变更处理	项目组合经理应该组织并参与到变更管理过程中；项目和项目集级别的变更应该反馈到项目组合中，以确保进行适当的可持续变更；变更过程必须清晰，有明确的责任人，行动一致；维持或提升项目组合的成本效益、无风险或低风险的项目组合能力，以及资源的可用性；在项目组合级别执行资源管理的 SMART 原则
要素：审查项目组合绩效			
绩效标准	期　望	证据来源	示　例
对项目组合绩效报告进行接收、回顾和回应	监督项目组合以确保与组织战略保持一致，并根据项目组合绩效、变更请求和/或资源可用性来授权变更	项目绩效报告、会议记录、邮件或治理委员会对这些报告的反馈；变更请求依据绩效报告及其处理结果	项目组合经理持续审查项目组合绩效，并在组织的信息和知识库中生成可见的项目组合级别的报告；项目组合经理还负责根据批准的变更，在项目组合组件中获取、分配和重新分配资源；有效的规模经济管理
要素：确保项目组合符合组织标准			
绩效标准	期　望	证据来源	示　例
在当前组织标准和目标的背景下评估项目组合的绩效和可行性	提供项目组合监督；监督项目组合以确保与组织战略保持一致，并根据项目组合绩效、变更请求和/或资源可用性授权变更	项目绩效报告、会议记录、邮件或治理委员会对这些报告的反馈；变更请求依据绩效报告及其处理结果	项目组合经理负责整体的监督及项目组合中的差距，识别符合组织标准及目标的、切实可见的措施；项目组合经理应被明显地看作（经常脱颖而出）组织治理、政策和程序的支持者

X4.3.4 项目组合沟通管理

项目组合沟通管理包括制订项目组合沟通管理计划和管理项目组合信息。

本单元的要素包括：

- 制订项目组合沟通管理计划；
- 管理项目组合信息。

表 X4-23 项目组合沟通管理——项目组合经理绩效能力

要素：制订项目组合沟通管理计划			
绩效标准	**期望**	**证据来源**	**示例**
制订指导原则，概述项目组合中沟通管理的总体方法	制订和记录项目组合沟通管理计划	与沟通有关的，或者与独立项目集沟通计划有关的项目组合管理计划部分	一份清晰明了的沟通计划能为相关方沟通提供清晰简明的指导方针；该计划将向具体的相关方指定沟通媒介、频率和详细程度
要素：管理项目组合信息			
绩效标准	**期望**	**证据来源**	**示例**
及时根据相关方的需求，管理项目组合信息，包括收集、分析、存储和传递项目组合信息	发布项目组合的进展和信息	项目组合绩效报告；项目组合信息管理系统	与项目集相关的所有沟通工件的知识库的证据；包括状态报告以及与关键相关方的沟通
确保项目和项目集沟通的一致性	确保一贯的和有针对性的沟通	涉及沟通的项目组合管理计划部分	与项目集相关的所有沟通工件的知识库的证据；包括状态报告及与关键相关方的沟通

X4.3.5 项目组合风险管理

项目组合风险管理包括对不确定的事件或条件的管理，如果这些事件或条件发生，则对一个或多个项目目标产生积极或消极的影响。

本单元的要素包括：

- 制订项目组合风险管理计划；
- 管理项目组合风险。

表 X4-24 项目组合风险管理——项目组合经理绩效能力

要素：制订项目组合风险管理计划			
绩效标准	期　望	证据来源	示　例
创建和记录与项目和项目集风险相关的政策和程序，包括风险过程和治理	创建和记录与项目组合风险相关的政策和程序	项目组合管理计划处理有关项目组合的风险，其中包括项目组合风险登记册	创建和制订以可持续及直观的方式衡量成本、风险和效益的政策和程序；项目组合风险为组织描绘出广泛的战略、期望和需求
要素：管理项目组合风险			
绩效标准	期　望	证据来源	示　例
评估项目组合风险的有效性	监督项目组合风险的状态； 实施项目组合风险应对计划，并评估项目组合风险过程的有效性	• 风险登记册； • 项目组合文件	基于风险应对的变更请求，以及支持决策的文件记录；关联项目组合文件的更新

X4.3.6 项目组合相关方管理

项目组合相关方管理包括分析并处理项目组合对相关方的影响和沟通，这些相关方可能影响、被影响或认为自己受到项目组合决策、活动或结果的影响。

本单元的要素包括：

- 识别相关方；
- 规划相关方管理；
- 管理相关方参与；
- 控制相关方参与；
- 管理问题解决和项目组合变更；
- 审查项目组合绩效；
- 确保项目组合符合组织标准。

表 X4-25 项目组合相关方管理——项目组合经理绩效能力

要素：识别相关方			
绩效标准	期　望	证据来源	示　例
已识别相关方的详细清单	识别项目组合相关方的详细清单	相关方登记册	项目组合经理应该保证，关键相关方在关键的任务审批过程和关口审查中从开始一直参与其中
收集相关方的联系信息	收集项目组合相关方联系信息	相关方名录	项目组合经理应与有关相关方有效地联系和沟通，如果有需要，使用最新的联系信息重新校准或重新排序项目组合中的变更优先级；对于任何潜在的差距、偏差或变更，均应定期沟通，以确保项目组合团队遵守组织政策和程序
绘制相关方的组织图表	绘制项目组合相关方组织图表	相关方组织图表	项目组合团队一般具有明确的角色、职责、焦点和联络小组；有效地建立一个见多识广、沟通良好的项目组合团队
相关方的高层级分析	实施项目组合相关方高层级分析	利益与影响关系图	项目组合经理在管理相关方时，需要清晰地理解参与规则，例如，在组织中什么可以做，什么不可以做；对项目组合中的项目和项目集进行优先级排序和校准
要素：规划相关方管理			
绩效标准	期　望	证据来源	示　例
指南概述了管理相关方的总体方法	指南概述了管理项目组合相关方的总体方法	相关方管理计划	当存在关键瓶颈时，项目组合团队应该与项目集团队和项目团队紧密合作；战略相关方需要密切关注及管理，以确保为可持续的相关方管理实践制订整体响应和行动计划；这将确保项目集和项目中的相关方持续参与、得到承诺及被优先考虑
相关方需求的评估	开展或确保项目组合相关方需求评估的绩效	相关方分类；相关方需求评估	项目组合经理需要评估、评价关键战略相关方的需求和想法，确保项目组合（包括其中的项目集和项目）绩效保持一致，并满足组织战略、关键绩效指标和成功标准
确认相关方的责任	确认项目组合相关方的责任	责任分配矩阵	项目组合中的项目集和项目之间跨组件的角色和职责需要提前明确，以确保项目组合团队的效率和所有差距；删除角色和职责中的重复部分；就资源和运营一致性而言，确保规模经济和精益
会议、审查计划	与项目组合相关方的会议和审查计划	相关方日历	审查会议包括明确的议程、行动计划、后续跟进；汇报内容包括任何差距和项目组合内的偏差；就会议内容和汇报内容进行沟通；回顾应是可见且有意义的、全面的

续表

要素：管理相关方参与			
绩效标准	期　望	证据来源	示　例
执行相关方管理计划	执行相关方管理计划	相关方计划的进展报告	项目组合经理需要了解每个相关方参与的规则，在组织的边界、策略、过程、治理和合规性需求中，知道什么该做、什么不该做，确保当前相关方的承诺和优先事项得以持续，以用于保持项目组合级的进展、运营和资源供应。项目组合实现了规定的有形和无形的效益和价值
组织会议	与项目组合相关方一起组织会议	会议记要	会议内容包括明确的议程、行动计划、后续跟进；汇报内容包括任何差距和项目组合内的偏差；就会议内容和汇报内容进行沟通；回顾应是可见且有意义的；回顾应是全面的，以管理相关方的期望
确定和分配行动项	确定和分配行动项	行动项列表	行动计划和后续跟进应有明确的责任人和汇报关系；快速识别，有效管理项目组合中的问题、难点和挑战
相关方变更请求	项目组合相关方变更请求	变更管理过程和日志	项目组合经理负责变更管理过程的完整性；为持续改进项目组合绩效，建立有效的变更管理；项目组合级别的变更日志在运营上是可持续的，并且从资源角度确保项目组合的效益和价值得以维持
要素：控制相关方参与			
绩效标准	**期　望**	**证据来源**	**示　例**
针对组合进展与相关方管理计划之间的差距而制订的应对措施和对策	针对组合进展与项目组合相关方管理计划之间的差距而制订的应对措施和对策	进展报告	项目组合经理负责确保相关方的期望、要求、需求得到有效及高效的管理；应对措施和对策被传达给相关方，以确保项目组合是高质量、低成本和高效的；项目组合经理的持续参与和参与度对制订和监督项目组合的健康检查（绩效）至关重要
回顾会议	回顾会议	会议记录	会议记录
主动公布问题（如难点、进度延误）	主动向相关方公布问题（如难点、进度延误）	发布文件	对项目组合的健康检查（绩效）进行严格监督；当存在潜在问题、难点和挑战时，确保尽职调查、治理以及遵守政策和程序

续表

要素：管理问题解决和项目组合变更			
绩效标准	期　望	证据来源	示　例
审查需要高级管理层关注的项目集级别问题、跨组件的问题和严重的组件级别问题；对项目组合计划进行适当的变更	确保由项目组合定义变更管理过程，使项目组合经理能够响应组织环境中的重大变更	变更请求及其变更处理	项目组合经理应该组织并参与变更管理过程；项目和项目集级别的变更应该反馈到项目组合中，以确保进行适当的可持续变更；变更过程必须清晰，有明确的责任人，行动一致；保持或提升项目组合的成本效益、无风险或低风险的项目组合能力以及资源的可用性；在项目组合级别执行资源管理的 SMART 原则
要素：审查项目组合绩效			
绩效标准	期　望	证据来源	示　例
项目组合绩效报告的接收、回顾和回应	监督项目组合以确保与组织战略保持一致，并根据项目组合绩效、变更请求和/或资源可用性来授权变更	项目组合绩效报告、会议记录、邮件或治理委员会对这些报告的反馈；变更请求应依据绩效报告及其处理结果	项目组合经理持续审查项目组合绩效，并在组织的信息和知识库中生成可见的项目组合级别的报告；项目组合经理还负责根据批准的变更，在项目组合组件中获取、分配和重新分配资源；有效的规模经济管理
要素：确保项目组合符合组织标准			
绩效标准	期　望	证据来源	示　例
根据当前的组织标准和目标，评估项目组合的绩效和可行性	提供对项目组合的监督；监督项目组合以确保与组织战略保持一致；授权对组合绩效、变更请求和/或资源可用性的响应进行更改	项目组合绩效报告、会议记录、邮件或治理委员会对这些报告的反馈；变更请求应依据绩效报告及其处理结果	项目组合经理负责整体的监督及项目组合中的差距，识别符合组织标准及目标的、切实可见的措施；项目组合经理应被明显地看作（经常脱颖而出）组织治理、政策和程序的支持者

X4.4 项目组合经理个人能力单元

X4.4.1 沟通

沟通能力的要素包括：

- 主动倾听，理解并回应相关方；
- 维护沟通渠道；
- 确保信息质量；
- 根据对象裁剪沟通。

表 X4-26　沟通——项目组合经理个人能力

要素：主动倾听，理解并回应相关方			
绩效标准	**期　望**	**证据来源**	**示　例**
主动倾听	项目组合经理是一位积极的倾听者，展示同理心，并根据所处情况适当沟通	• 从相关方和团队成员处获取的调研结果； • 从沟通中得到的观测记录； • 记录了对同理心和对他人及他人观点理解的反馈	项目组合经理应该能够平衡相关方的优先级，以确保与组织层级的战略、目标、目的和宗旨保持一致；对相关方的需求保持热情和激情，富有同理心，以确保可持续的项目组合绩效及其组件的可交付成果，例如，就项目集和项目组件进行资源排序
理解沟通中的显性和隐形内容	理解机密的、受限制的和公开的沟通，并根据具体情况参与沟通	从沟通中得到的观测记录	项目组合经理应该能够展示出可信度，总能理解，应用并保持遵守组织的数据保护法案（包括项目组合信息）
	与相关方沟通完成后，持续跟进，以确保信息被其理解	确认信息被接收和理解的记录	通过恰当的沟通模式和渠道，与相关方就项目组合文件和信息进行实质性的参与
对预期、关注和问题做出响应并采取行动	维护项目组合级别的日志，以确保每个问题和关切都被相关方适当地跟进；所有的指导和建议都被完整记录	对他人认为重要的问题做出响应（如问题日志）	项目组合日志得到有效管理；针对任何变更、问题、审核（初始和详细）、进一步的审核和更新，完成可见的配置管理流程
	为项目和项目集建立变更管理流程，并确保遵循该流程	变更请求	能够建设性地使用和应用项目组合变更管理流程、配置管理流程，并保持合规性；通过可见的配置管理流程有效地传达和修改所有项目组合变更
	在项目和项目集之外进行相关方和客户满意度调查，以识别优势和劣势，以及问题和关注点	从相关方处获取的调研结果	促进和调整有关项目组合绩效、差距、问题和挑战的反馈和前馈，包括给相关方的替代方法
要素：维护沟通渠道			
绩效标准	**期　望**	**证据来源**	**示　例**
促使相关方积极参与	支持有效的相关方参与	文件确认了相关方的需求得到了积极的满足	支持相关方的参与、加入规则，包括对相关方的预期进行清晰和有意义的管理
有效传播信息	建立流程和模板以识别各种类型的沟通方法，以及如何沟通效果最好；在定义的过程中，使用多种沟通方法	通过对话、调研、记录、演示或观察来确保沟通有效的文件	一系列非正式和正式的沟通手段、过程、工具和技术的专业知识；使用多种沟通方法以吸引、劝说、说服和影响相关方
	建立沟通管理计划，将其作为项目和项目集的重要部分，并在阶段门审查和审计中，审查绩效	与恰当的相关方分享相关/及时的沟通文件	对于项目组合级别的沟通计划的所有者和项目组合阶段门评审者来说，当项目组合的进展和绩效发生变化时，能够对沟通方法、流程和方法进行适当的变更、审查和更新

续表

要素：维护沟通渠道			
绩效标准	**期　望**	**证据来源**	**示　例**
维护正式和非正式的沟通	记录所有正式的沟通，包括会议、研讨会、短会和简报	计划的与计划外的会议、头脑风暴等的会议纪要	主动管理所有相关的项目组合数据和信息，以便在排序、确定优先级和平衡项目组合组件时进行交叉引用
	将会议纪要分发给适当的对象	通信记录	管理项目组合相关方对项目组合文档、信息的期望和需求
	跟进所有参会者，审查和确认会议纪要和笔记	讨论的笔记及跟进内容	调整和促进会议反馈，并为适当的进展和明确的行动计划及所有者提供前馈
	制订并带领沟通方法的交付	对相关方可用性的反馈记录	能够在正式和非正式环境中使用和应用各种沟通方法、工具与技术
要素：确保信息质量			
绩效标准	**期　望**	**证据来源**	**示　例**
使用适当的信息来源	访问多个信息来源，收集所需信息，以便通过内部或外部的专家／组织来做出明智的决策	信息来源和分析的记录	能够提供权威的、有说服力的、有影响力的、可靠的数据集和信息来分析和制定组织的项目组合，并为决策提供基于证据的评估
	批判性地分析、解释和汇报数据和信息，为决策提供信息和建议	信息来源的反馈记录	辅导和教练项目组合组件的团队成员，以获取高价值项目组合及其组件
提供准确和真实的信息	很少需要纠正已确认、已获得准确信息的任何沟通	显示已提供事实信息的文件	在项目组合生命周期中提供了有关项目组合经理的可靠性和可信性、正确的和准确的项目组合信息和数据集
	相关方确认他们从项目组合经理处收到了准确的信息；根据所提供的信息做出决定；信息的有效性很少有争议	记录有关信息准确性的反馈	有关项目组合经理处理恰当的、正确的和准确的数据集和信息；差距分析是稳健的、变更较少的、重新评估较少的、较少提供给监督委员会的
寻求信息验证	验证从多个来源收集的信息，以确认其准确性；这些来源可能包括个人、报告以及内部和外部可用的其他文件	主题专家（如兴趣小组，专业机构）的输入文件	能够提供权威的、有说服力的、有影响力的、可靠的数据集和信息来分析和制定组织的项目组合，并为决策提供基于证据的评估；通过有效的配置管理流程来进一步验证变更和审查
	跟进所有参会者，审查和确认会议纪要和笔记	会议纪要	调整和促进会议反馈，并为适当的进展和明确的行动计划及所有者提供前馈

续表

要素：根据对象裁剪沟通			
绩效标准	期　望	证据来源	示　例
提供相关信息	实施有效的沟通方法，并就其使用情况向他人提出建议	接收方确认信息相关性的反馈记录	能够在沟通方法、工具、技术和手段的范围内辅导和教练项目组合团队成员，以及沟通项目组合数据集和信息；调整和促进项目组合仪表盘和内部组织的知识库
	能够轻松地向不同级别的观众呈现各种主题； 有效地利用各种演示技巧来吸引观众的注意力并传达信息	展示较强的呈现能力	展示演讲礼仪，演练和驾驭关键的或战略性的项目组合数据集和信息，自信地沟通并确保项目组合团队达成共识；消除项目组合组织中所有的不确定性，在展示项目组合组件和投资时，提供可靠的、可信赖的、可证明的数据集和信息
为受众使用适合的沟通方式	建立和维护与相关方分析相关的流程、模型和模板，供项目和项目集使用	在相关方分析中确定的首选沟通方法	清晰地理解相关方的参与规则、优先级、兴趣和项目组合及其组件的权力；能够建设性地使用、填入和应用项目组合管理工具、模板、技术
	很少由于原始分析无效，而要求对相关方重新分析	会议记录展示了方法选择的适宜性	成功引导和调节相关方的期望、需求和希望；变更、再配置和对相关方分析的审查变得更少，是因为他们的期望、需求和希望已被有效、正确地获取，不需要持续评估；由于相关方处在同一个层级上，并且每个人都了解满足项目组合及其组件要求所需的预期承诺水平和工作，因此项目组合的所有方面的沟通都是成功的
	识别、参与和响应相关方的需求；征求反馈	来自相关方的关于沟通方法选择的适宜性的反馈	定期举办调解会、引导论坛（包括正式的和非正式的），并与相关方进行互动，以获得反馈和随后的前馈，从而持续改进；能够为使项目组合得到优化而接受建设性的批评；激励和指导项目组合团队成员
使沟通与环境、场景保持一致	制定和维护与内部、外部相关方进行正式及非正式沟通的模板和指导方针；这些模板可能包括演示文稿、会议纪要、项目状态报告、标准电子邮件等	有关对他人特定沟通需求的敏感性的，以及适当使用正式、非正式口头、非语言和副语言成分的反馈记录；来自团队会议或呈现的会议纪要；有关地点、时间、参与者、隐私设置等各种选项的示例	了解和精通正式和非正式的沟通方法、工具、技术；能够使用和应用任何组织范围的项目组合模板，以确保可持续的、有意义的沟通实践；教练和辅导项目组合团队使用各种项目组合沟通工具，以确保信息在组织内的适当级别和对象中传播；项目组合经理应该可以访问组织的沟通资产，以确保项目组合管理的成功

X4.4.2 领导力

领导力的要素包括：

- 创建提高绩效的团队氛围；
- 建立和维护有效的关系；
- 激励和指导项目组合团队成员；
- 承担交付项目组合的责任；
- 必要时使用影响力技能。

表 X4-27 领导力——项目组合经理个人能力

要素：创建提高绩效的团队氛围			
绩效标准	期望	证据来源	示例
表达对团队的积极期望	设定期望；影响和说服他人的职业发展	为团队设定口头和书面的期望	来自团队的反馈记录： • 对团队成员能力的认可； • 对决策的支持； • 设定积极的期望
推动团队学习，提倡专业和个人发展	利用直接资源制订个人发展计划，并定期与个人进行审查	个人发展计划	根据组织标准更新和维护发展计划
	为项目组合资源设置年度学习和发展预算；根据项目组合优先级确定学习和发展需求	为发展计划筹集资金	为确保、支付个人发展资金而提供支持的记录
	从团队征求反馈；响应已识别的问题和疑虑	已征求的和主动提供的反馈	来自项目组合团队的反馈记录
	维护项目组合资源的技能库，并在获得新技能时定期更新技能库	团队成员获得新技能的记录	根据组织标准更新和维护技能库
始终如一地鼓励团队协作	促进团队合作文化的发展而不是个人贡献，并鼓励团队成员在需要时寻求帮助和指导；分享来自高层管理者、相关方对团队工作及成就的反馈	为鼓励团队合作和尊重不同意见、个性而采取的创造性行动的示例	根据组织标准记录和维护有明确任务分配的行动计划
	认可团队成员的优势和发展领域；分配责任领域，包括扩展的分配任务	已征求的和主动提供的反馈	确认独特技能、能力的反馈记录
	让团队领导参与项目组合目标的制订和沟通	识别团队领导的职责，设定清晰一致的目标	根据组织标准更新和维护职责矩阵
以高绩效要求并能以身作则	建立和维护与认可和奖励相匹配的高绩效标准	明确的绩效和素质标准	根据组织标准维护的个人绩效和素质标准的记录
	将自我绩效的期望值设定为标准；征求团队和相关方的反馈；在解决问题和发展领域方面保持透明	已征求的和主动提供的反馈；与团队一起设定期望值的会议	项目组合经理执行标准的成果记录；项目组合经理以身作则的反馈记录
	记录团队的承诺，定期在团队会议上进行审查，并跟进完成	让团队成员对他们的承诺负责的示例	根据组织标准更新和维护的承诺日志或文件

续表

要素：建立和维护有效的关系			
绩效标准	**期　望**	**证据来源**	**示　例**
将关系限制在与工作相关的事务上，并与项目组合和当地文化相适应	促进与组织文化相适应的开放式业务沟通文化；帮助建立高级领导与项目集经理和项目经理之间的正式沟通渠道	向相关方征求的和相关方主动提供的反馈	来自团队和相关方的反馈表明，项目组合经理与相关方保持正式的工作关系
	维护和更新与组织各级的内外部相关方举行会议的指导方针	团队互动指南	根据组织标准维护正式和非正式讨论的指南记录
创造鼓励开放、相互尊重和关心相关方的环境	通过沟通来驱动项目组合管理实践；征求相关方的反馈；寻求问题解决方案	向相关方征求的和相关方主动提供的反馈	记录相关方对问题分析和解决方案的开放性反馈
	通过沟通来驱动项目组合管理实践；定期沟通并向相关方展示其可用性	项目组合经理保持办公室开放，以便成员随时能找到项目组合经理	记录相关方对政策的反馈
	征求相关方的反馈；自我反省行动的适当性和有效性；在解决问题和发展领域方面保持透明	对他人的感受和价值观表现出敏感度和真正的兴趣的示例	来自相关方的反馈表明，相关方对情感和价值观表达的兴趣
	项目集经理的决策基于事实并被证明是公平的	明确的决策过程和政策	公正和基于事实决策的证据记录
要素：激励和指导项目组合团队成员			
绩效标准	**期　望**	**证据来源**	**示　例**
建立项目组合的愿景、使命和战略价值，并与团队进行沟通	定期向项目组合团队介绍方向性、激励性和教育性的主题，以传播对组织愿景、使命和战略计划的理解，并将其与项目组合优先级联系起来	项目组合愿景和使命的陈述；关于项目组合的战略价值的陈述	明确聚焦于愿景、使命和战略价值的演示示例；支持战略并与团队成员分享战略的示例
	定期征求团队反馈；对问题和疑虑进行响应	向相关方征求的和相关方主动提供的反馈	记录团队关于项目组合战略价值认知的反馈
根据组织指导方针进行绩效奖励	建立并维护绩效审查、认可和奖励计划；建立绩效和奖励之间的联系	奖励和认可计划	对于奖励记录和认可记录，应根据实际成果进行更新，并根据组织标准进行维护
	与项目集、项目经理设定绩效期望和指导方针	具有明确的绩效指导方针，并传达给团队	为团队成员的成功进行规划的示例
	为不同级别的绩效采用不同的识别方法	确保个体得到奖励	经常为个体取得的成就进行庆祝的示例
为团队成员的发展建立指导关系	推进指导和教练文化，并鼓励高级团队成员教练年轻同事；在知识共享和教练过程中做出贡献，并将其作为绩效评估的标准	具有指导项目集的指南，并传达给团队	指导关系的示例
	项目组合经理被认为是提供有价值和有意义的指导经验的人	被寻求作为他人导师的示例	关于导师/学员关系的文件

续表

要素：激励和指导项目组合团队成员			
绩效标准	**期　望**	**证据来源**	**示　例**
	向学员寻求反馈；自我反思行动的适当性和有效性；利用反馈改进未来的指导活动	针对指导活动的反馈记录	对指导活动的反馈记录
	与项目组合团队成员一起审查个人绩效；以审查发展计划为契机，突出个人发展的成功和进步	个人发展计划取得进展的示例	记录个人发展计划，并根据组织标准进行更新和维护
要素：承担交付项目组合的责任			
绩效标准	**期　望**	**证据来源**	**示　例**
展示对项目组合的所有权、责任和承诺	定期审查项目组合下的项目和项目集；与发起人和高级管理层相关方沟通以获取输入	积极促进所有相关方和项目组合团队成员参与项目组合的示例	展示团队、其他相关方参与的活动日志
	识别项目组合所面临的主要风险和问题，并就可能的解决方案向相关项目集、项目经理提供建议	快速解决可能的项目组合障碍、延期或风险的示例	风险日志显示了响应的及时性和任务所有权的明确性，并根据组织标准进行更新和维护
	定期为高级管理者更新项目组合的总体绩效、风险和问题	项目组合问题的所有权的证明	项目组合经理对事故负责的报告或会议记录
	对项目组合的财务健康展示出积极的所有权和责任感；监督项目、项目集的所有投资	承担不良后果所有权的示例	承担不良后果所有权的示例
使个人活动和优先事项与提高实现项目组合目标的可能性保持一致	建立和管理项目、项目集的优先级流程和标准	关于项目组合目标优先级的沟通	优先级规划的记录
	维护项目组合级别的活动条目和任务清单，以确保实现适当的控制	在与团队成员的会议和对话中使用行动列表	根据组织标准更新和维护优先活动条目的清单
	进行项目优先级排序和会议选择；参加关键的项目和项目集会议	团队会议	根据组织标准更新和维护主动事件管理、事件日志的示例
支持并促进团队的行动和决策	定期与项目组合团队和项目经理和/或项目集经理举行会议，提供评审和审计的反馈意见	向相关方征求的、和相关方主动提供的反馈	来自项目组合团队成员的反馈记录；项目组合经理代表他们采取主动行动
	为项目集和项目经理提供执行决策的支持；担任大使，根据需要影响高级管理者和相关方做出适当的决策	积极支持所有团队成员	会议纪要反映了项目组合经理对团队行动和决策的支持
	定期与项目和/或项目集经理举行会议，以监督正在进行的活动并保持对整体项目集和项目状态的认知	与项目组合团队并肩作战，承担工作交付的责任	会议日志和会议记录应根据组织标准进行维护
	为高级管理层提供依据，以便在不同情况下由项目组合、项目集和项目团队做出决策	在高层面前能表明立场，支持团队的行动	问题日志包括记录与高级管理层互动的项目解决方案

续表

要素：必要时使用影响力技能			
绩效标准	期　望	证据来源	示　例
对相关方适当地使用影响力技能	了解多种影响力方式，并将其有效应用以影响高级管理者、发起人、项目集经理和项目经理，从而最大限度地成功交付项目组合	相关方的观察	在不同情况下使用不同风格的示例；描述影响力替代方式的文件
	引导高级相关方的管理层做出决策，为项目组合带来最佳成果	具备出众的引导和谈判技能的示例	相关方的反馈记录
	通过培训、教练和知识共享，来提升项目组合资源的技能；解决从项目组合资源中观察到的主要弱点	培养团队能力的示例	培训材料、培训计划、培训日历
借用专家或第三方来说服他人	从高层到中层访问内部及外部资源并提供建议	通过项目、项目集获取专家资源以产生积极成果（他人的地位影响力）的示例	相关方的反馈记录
	依靠专家知识建立和强化方法论，并为项目和项目集提供支持	使用第三方知识力量来提升影响力的示例	相关方的反馈记录
	使用各种方法获取信息和事实，以说服高级管理者对项目组合予以积极支持	为项目组合建立关系网和收集支持，而不是为了个人利益而操纵的示例	相关方的反馈记录

X4.4.3　管理

个人管理能力的要素有：

- 建设和维护项目组合团队；
- 为项目组合的成功有组织地规划和管理；
- 解决与项目组合团队或相关方有关的冲突。

表 X4-28　管理——项目组合经理个人能力

要素：建设和维护项目组合团队			
绩效标准	**期　望**	**证据来源**	**示　例**
确保团队成员明确期望和责任，并了解他们对项目组合的重要性	就角色和责任定期向团队征求反馈；澄清模糊的地方；记录项目组合目标及责任并广泛沟通；定期召开团队例会、简报、评审和一对一会议	相关方的观察	项目组合团队对角色和责任的明确的反馈记录
	在考虑组织文化的同时，提供并维护有效和高效的沟通指南和模板	团队指南和模板、适当的培训材料、培训计划	演示、培训材料、团队反馈记录
	建立和维护责任分配矩阵、工作分解结构和进度模板，以帮助明确按照项目集和项目的要求向团队成员分配责任	沟通分配、项目规划文件	项目组合的指令、任务和工作分配的记录；发布的资源分配矩阵
	通过阶段审查和审计来进行监督，以确保项目和项目集实现最佳资源加载	根据项目和项目组合计划进行的团队活动	每位成员积极参与团队活动的示例
在团队成员之间保持积极的态度和高效的关系	观察项目集、项目内的冲突解决；必要时协助项目集和项目经理，以实现项目组合的最佳成果	努力管理冲突，协助团队成员也这样做	有效解决冲突的示例记录；解决方案与项目组合最佳成果之间的相关性记录
	观察项目和项目集之间的协调情况；管理项目组合周围的组织政治	向相关方征求的和相关方主动提供的反馈	来自团队成员的反馈记录展示了通过诉诸理性来表达对他人的尊重；真正重视团队中其他人的输入和专业知识；愿意向别人学习
	了解团队关系的重要性；创造和寻求机会，以促进团队内的协作	计划和领导团队活动，为团队建立融洽的关系和协作	促进团队的内部凝聚力和融洽的团队活动的示例
	制订和维护有关认可与奖励的流程和模板，以供项目和项目集使用	庆祝团队合作和成就	奖励和认可团队成员的记录
识别、评估和选择内部和外部的人才	维护资源分配，获取流程和模板，供项目集和项目使用	项目和项目集资源需求的文件	工作描述、访谈笔记
	开发和维护内部资源及其能力的数据库	从内部人才库中确定的合适的团队成员清单	空缺岗位候选人的记录
	将内部资源与项目和项目集匹配；验证项目和项目集的外部资源需求	事先定义的获取资源的选择标准	工作描述、岗位选择标准
促进健康的工作与生活的平衡	发展和促进项目集成员健康的工作与生活相平衡的文化和环境，并保持个人绩效；经常向团队征求反馈；响应已识别的问题和疑虑	向相关方征求的和相关方主动提供的反馈	项目组合团队成员的反馈记录
	审查项目组合下项目和项目集的资源使用情况	有关平衡需要，以及如何实现平衡的沟通	会议纪要记录了工作和生活的平衡问题
	制定项目建议书的编写指南，提供估算实际资源需求的过程	有关平衡需要，以及如何实现平衡的沟通	记录为了获取工作与生活的平衡而采取的行动计划
	考虑资源生产率水平，以确认项目方案的时间和成本要求是切合实际的	与团队沟通资源配置	为了提升工作效率和生产率而采取行动的示例

续表

要素：为项目组合的成功有组织地规划和管理			
绩效标准	**期　望**	**证据来源**	**示　例**
与他人一起清晰地识别项目组合范围、角色、期望和任务说明	通过关键相关方的参与，制定和维护用于创建项目建议书的过程，建议书具有明确识别的范围、角色和期望	向相关方征求的和相关方主动提供的反馈	对规划过程中其他人的参与程度的反馈记录
将组织或行业标准和被普遍接受的实践应用于项目组合中	根据组织标准和行业最佳实践，制定和维护用于项目集/项目审查、优先级排序和审批的政策及程序	作为项目组合实践的一部分，就须遵守的标准进行沟通	项目组合团队、相关方和主题专家对遵循被行业普遍接受的实践的示例及反馈
	采用行业最佳实践并使其适应于组织流程和程序；参与 PMI 活动（如研讨会，大会）并利用 PMI 的在线论坛（如 ProjectManagement.com）	拟议措施和改进方案，旨在达到或超过被行业普遍接受的实践	为达到或超过被行业普遍接受的实践而提议的措施和改进方案
	制定正式的项目组合管理战略，并通过持续改进来努力维护该战略	包含了行业标准的项目组合计划	包含了行业标准的项目组合计划
为了项目组合的成功完成，适当裁剪被普遍接受的实践方法	创建和维护定义明确的方法，包括用于持续改进的正式审查的过程	作为确定项目组合成功的一部分，就必须遵守的实践进行沟通	被普遍接受的实践变更的记录
	制定正式的审查过程，以确定改进的领域，从而使项目集/项目能够取得成功	批准对项目集/项目管理程序的变更，以适应被普遍接受的实践	为适应被普遍接受的实践而批准的项目集/项目管理程序的变更
对信息进行组织，强调适当的细节水平	确保项目集和项目方法论到位，允许为各种类型的新方案裁剪	领导有关信息的讨论/演示	项目集、项目使用的标准方法的示例
	提供正式的记录和存档的会议纪要的流程和模板	会议纪要	会议纪要
	为项目集和项目建立定期汇报状态的流程和模板，并将其编制成项目组合报告	项目集/项目状态的报告或更新	项目集/项目的状态报告或更新
	为所有项目集和项目维护清晰明确的、可控的和安全的知识库	项目集/项目工件的知识库	项目集/项目工件的知识库
	提供和维护经验教训库，并将经验教训调研确定为方法论的一部分	知识管理的示例	知识管理的示例
坚持遵守流程、程序和政策	在项目组合级别建立阶段审查和审计的流程，并根据新方案类型进行定制；确保定期进行审查	监督流程、程序和策略的合规性	根据组织标准更新和维护日志
	通过阶段审查和审计来确定改进的领域，并将这些知识传达给所有适当的相关方以供实施	支持并证明持续的合规性	执行政策和流程的示例
	创建和维护适当的关键绩效指标（KPI），使项目集和项目与组织的战略计划和目标保持一致	沟通适当的指标	使用绩效指标管理项目的记录

续表

要素：解决与项目组合团队或相关方有关的冲突			
绩效标准	**期　望**	**证据来源**	**示　例**
确保团队和相关方完全知晓团队规则	制定和维护冲突解决、冲突升级流程的组织政策、标准和指导方针；定期审查指导方针，以确保其能代表最佳实践	关于团队规则的团队沟通	团队规则的记录
识别并解决冲突	在项目组合层级进行反馈，以识别项目集和项目之间的主要冲突来源	向相关方征求的和相关方主动提供的反馈	团队调研的结果
	利用多种技术促进不同项目集和项目的团队成员与相关方之间的冲突解决	在团队内部积极解决冲突	所使用的冲突解决技术的示例
	收集冲突解决后的反馈，确保以最佳方式解决了冲突	向相关方征求的和相关方主动提供的反馈	来自团队和相关方对冲突解决的满意程度的反馈

X4.4.4　认知能力

个人认知能力主要包括如下要素：

- 对项目组合进行全面了解；
- 有效处理争议并解决问题；
- 使用适合的项目组合管理工具和技术；
- 寻求改善项目组合成果的机会。

表 X4-29　认知能力——项目组合经理个人能力

要素：对项目组合进行全面了解			
绩效标准	期　望	证据来源	示　例
了解项目组合相关方的需求、利益，以及对项目组合成功的影响	分析项目组合的相关方，以了解和平衡他们对项目组合投资的利益、影响和风险承受能力	相关方分析	项目组合经理需要持续评估关键战略相关方的风险偏好；能够以建设性的方式推动项目组合团队，并为有效和可持续的项目组合做出有意义、切实和可见的决策
	作为项目组合组件经理和项目组合相关方之间的主要中间人	与相关方需求保持一致的沟通计划	项目组合经理应能够推动和引导项目组合团队的优势，有效利用这一优势，并定期沟通；同时，项目组合经理被视为关键的组织级战略变革的代理人，通过项目组合组件实施组织的关键战略变更
	寻求相关方的意见，确保恰当地获取他们的需求和目标	在项目组合章程和项目组合战略计划中记录的相关方需求和目标	明确项目组合章程的所有者和倡导者，并不断促进项目组合团队、组件的相关方参与
理解单个项目和项目集如何影响项目组合计划，并最终影响组织环境	有能力确定与新的或不断变化的组织战略和目标保持战略一致性	在项目组合计划中包含的相关外部事件	项目组合经理应发展能力，以对内部和外部环境进行实时检查，从而持续评估和重新评估组织战略目的和目标、目标适应性和通过项目组合组件增强的竞争优势
	根据其他组织的优先事项和说明，平衡项目组合的需求	对组织环境有影响的记录	项目组合经理需要通过项目组合组件（项目集和项目），持续确保需求和优先事项处在适当的水平上，并不断地向内部和外部环境倾斜，以获得竞争优势和运营可持续性
理解正式和非正式的组织结构	在相关方之间建立影响力网络，为相关方和贡献者的利益及影响力确定适当的沟通媒介组合	相关方对正式和非正式使用组织知识的反馈记录	项目组合经理应发展社交能力，以适当地影响、说服相关方，实现高质量的项目组合交付成果、低成本和高效的项目组合
了解组织政治	了解组织结构，并能够有效引导公司结构以支持项目组合；使用组织过程资产和事业环境因素作为项目组合结构和沟通矩阵的指导性输入	相关方对组织政治的内部运作能力的反馈记录	项目组合经理应该能够将组织政治的和谐度与所有项目组合相关方的期望和需求进行引导、混合和匹配；应建立明确的项目组合结构特征，以确保项目组合组件的进展和绩效的连续性，包括对稀缺资源的管理
使用情商来理解、解释别人过去的行为和当前的态度，以及预见别人未来的行为	利用过去的经验和情商来预测/化解相关方与项目组合交付团队之间的情境行为及潜在冲突	获取团队口头和非口头线索的反馈记录；来自团队的反馈记录表明所显示的行为是适当的	项目组合经理应增长知识，强化技能和能力，并成为关键的战略性情商管理者；项目组合经理需要了解并适当运用情商，以应对潜在的困难和具有挑战性的项目组合相关方、可交付成果
	识别关键人物的个性和特点，以匹配相应的说服和激励技巧	对不同个人采用恰当的说服、激励技术的反馈记录	项目组合经理需要理解相关方参与的规则，理解其优势、边界、约束和优先级，明确哪些适用/不适用项目组合环境

续表

要素：有效处理争议并解决问题			
绩效标准	期　望	证据来源	示　例
降低问题的复杂性以便进行完整而准确的分析	降低问题复杂度以便进行完整、准确的分析	项目组合问题及相互关系的可视化表现（如清单、图表、关系图等）	项目组合经理应能够在组织的需求范围内促使项目组合成功，能够以定性及定量的方式对项目组合选择、成本-风险-效益平衡、资源采购依赖性、项目组合关键路径，以及项目组合各个组件的优先顺序进行合理化
	在项目组合中识别问题的影响和解决方案的优先级	分析文件表明，采用分解技术可把复杂的问题进行拆分，以找到解决方案	分解项目组合的问题、挑战和难点，包括详细的影响分析，并分配明确的负责人以便快速解决问题
根据需要使用复杂的概念或工具	针对遇到的每种问题类型确定适当的工具或流程的专业知识	问题日志提供用于分析复杂问题的方法，以及支持解决问题的分析记录	使用并应用项目组合工具、技术来评估和重新评估复杂的项目组合问题及难题的专业知识，例如稀缺资源的可用性和管理，在项目组合组件之间调配资源，包括在项目组合和组织范围内的多个组件中的相似的供应商
	根据需要请主题专家（SME）参与以协助分析	使用根本原因分析、项目组合分析、专家判断法等的记录	能够生成、填入和交付可见的项目组合级仪表盘；中心信息和知识库的负责人负责项目组合审核、更新和变更；项目组合级别的阶段门评审员，以及项目组合级别的可交付成果和文件的内部同僚评审员，都将参与项目集和项目级别的团队绩效评估
运用所学教训解决当前项目组合问题	将经验教训应用于价值管理框架，更新项目组合管理计划	将经验教训应用于当前项目组合问题的记录	项目组合经验教训的所有者及发起人将以往和当前工作实践设为基准；确保项目组合团队以建设性的方式参与，以积累和产生经验教训；确定有效的项目组合层面的经验教训会议和成果；与高级管理团队一起促进富有成效的经验教训的开发和积累；确保当前的项目组合问题和难点能够得到利用，以从中吸取经验教训，从而不断改进，为有效的项目组合提供有意义的前进方向
汇集多个相关问题以了解全局	在分析具体问题和方案时考虑项目组合的目标和总体成果，并确定采取适当行动的方案	概述问题之间的关系和联系的总结报告或项目/项目集记分卡	使用有意义的、可测量的记分卡进行项目组合健康检查（建立了整个组织的关键绩效指标和成功标准）；平衡记分卡可根据商定的标准整合项目组合、项目集和项目绩效
观察项目/项目集数据的偏差、趋势和相互关系	利用定性和定量分析方法来确定趋势，并根据确定的趋势采取行动	信息验证和确认的请求	进行项目组合疏忽、差距分析；用支持性证据验证和确认项目组合的定性和定量评估
	能够使用趋势信息制定风险减轻对策	趋势分析记录	提供具有适当结构和机制的项目组合文档，以提取信息并快速沟通任何潜在的风险，从而触发相关的风险减轻策略和风险响应；明确项目组合级别风险的所有者，以确保不会对组织的竞争优势产生影响

续表

要素：使用适合的项目组合管理工具和技术			
绩效标准	**期　望**	**证据来源**	**示　例**
理解项目组合、项目集、项目管理工具和技术	了解公司和行业的标准技术，如技能和能力管理、情景分析及成本-效益分析	可用的工具和/或技术清单	项目组合级仪表盘、资本预算工具、工具和技术、项目组合建模、模拟和优化、项目组合成本-效益-风险评估、差距分析、关键资源计划、规划和管理、内部项目组合信息和知识库管理
选择合适的工具和/或技术	定义一套工具和技术，用作项目组合治理和选择过程的一部分；能够为项目组合的类型和规模选择最合适的方法	可选的工具和/或技术清单；选择过程和结果的记录	能够使用战略项目组合管理工具和技术管理多个项目组合、项目集和项目
在项目组合管理中使用所选择的工具和/或技术	定期审查和更新项目组合文档，以获取已完成的项目组合成果	通过使用工具和/或技术所取得的成果	项目组合文档的疏忽和差距分析、持续的审查均确保了项目组合的成本-效益-风险评估保持可见、可行和适用

要素：寻求改善项目组合成果的机会			
绩效标准	**期　望**	**证据来源**	**示　例**
为寻找机会、解决疑虑提供指导框架	在项目组合风险管理中指导机会/风险评估	发送给所有团队成员的问题、相关机会和疑虑的清单，以及一个明确的沟通更新流程	明确项目组合风险的负责人；促进并让所有项目组合相关方参与交流有形、无形的风险机会和威胁；计算项目组合级别的风险
	提供寻找机会和解决疑虑的框架	维护当前的问题日志，并且就其中的变化和增加的内容与所有相关方进行沟通	建立明确的支持机制，以确保对项目组合层面的风险和更广泛的组织结构及竞争优势的影响进行有效的沟通，以及项目组合风险管理的可视化
	建立框架以识别和解决问题，寻找改进机会，并授权团队采用	会议纪要记录了所识别的问题及针对问题的解决方案	通过项目组合团队的有效及持续参与、清晰的所有权、团队合作和授权项目组合包的能力，使得项目组合持续改进
	跟踪解决方案的准确性和合规性	将行动方案和获得的结果进行比较	严格监督项目组合对组织政策、程序和治理的合规性
寻求提升项目组合价值或执行方面的机会	建立一个框架，以识别和解决问题，寻找改进机会，并授权团队使用	展示机会的风险登记册	将项目组合包授权给恰当的项目组合团队；分派风险所有权，抓住机会并将威胁资本化
	识别、评估和分析机会，将其作为战略调整和风险分析的组成部分	识别新机会的小组活动的纪要（如头脑风暴、会议等）	持续监督项目组合的效益和价值实现能力，并与整个组织的战略、目标、目的保持一致
	在项目组合管理计划中持续维护项目组合价值	在项目组合中的建议记录，或者在项目组合中采取的与结果相关的行动	通过备选方式和方法提高项目组合的效益和价值，确保其竞争优势和组织持续性

续表

要素：寻求改善项目组合成果的机会			
绩效标准	期　望	证据来源	示　例
当相关机会出现的时候，能够抓住它	使用公认的启发式技术，如价值评分模型，在项目组合的整个生命周期中获取和确定机会	有关机会分析的会议纪要；变更控制过程中的输入；在项目组合的整个生命周期中，机会出现时刻的示例	项目组合生命周期管理包括：监督、差距、阶段门审查、有形的和可测量的项目组合健康检查平衡记分卡（成本-效益-风险），以及项目组合生命周期成熟度
整合机会，并将其传递给组织	将机会报告构建到项目组合风险管理和治理报告的过程中	有关项目组合机会的电子邮件、会议纪要和其他沟通工件	在整个项目组合生命周期中的基于价值的项目组合优化
	使用价值和风险管理的输出来促进机会的把握；利用相关方来调整项目组合范围	向客户或内部相关方提交的书面建议书表明，为跟进已识别的机会附加价值	通过项目组合范围界定、调整（项目组合冻结）、重新调整、资源校准和重新校准，以确定在整个项目组合生命周期中，利用潜在机会获得了竞争优势
	展示具备分析机会、优先排序证据，以及选择具备识别最大潜力机会的能力	识别和跟进的机会数量	优先级排序工具及技术的使用和应用；能够证明项目组合的选择并使其合理化，证明选择标准，选择标准的成熟度水平（不断审查基于内部和外部环境变化的选择标准）和与成本-效益-风险及依赖关系相关的评分方法，包括与组织战略、目标、目的和宗旨的相互依存关系；在正确的时间为组织确定正确的项目组合，以确保项目组合的特殊性、独特性和竞争优势

X4.4.5 高效

高效能力的要素包括：

- 解决项目组合问题；
- 保持项目组合相关方的参与度、积极性和支持；
- 按照要求的速度进行变更，以满足项目组合需求；
- 必要时展现自信。

表 X4-30　高效——项目组合经理的个人能力

要素：解决项目组合问题			
绩效标准	期　望	证据来源	示　例
采用合适的问题解决技术	采用合适的问题解决技术	需求分析记录（如设计输入清单）	分析、使用项目组合管理的决策支持工具的证据记录
	带有解决方案文件的问题日志展示了解决方案在项目组合的范围内，并且具有评估解决方案的标准	带有解决方案文件的问题日志	根据组织指南，维护和保存问题日志
	定期征求相关方的反馈意见；反馈表明，项目组合经理具有识别遇到的每种问题类型的适当工具或流程的专业知识	有关解决问题技术的相关方反馈记录	反馈表包括了处理反馈的任何相关行动
	确保主题专家 SME 有坚实的专家判断基础（而不只是观点）	适当使用知识管理工具的记录	明确将所使用的工具与主题专家 SME 的证书进行交叉引用
验证提议的方案是否解决了问题且没有超出项目组合边界	使用独立的方法验证解决方案，并确保解决方案在范围内	适当使用知识管理工具的记录	根据组织标准进行记录，确保方案和范围清晰一致
	带有解决方案文件的问题日志展示了解决方案在项目组合的范围内，并且具有评估解决方案的标准	带有解决方案文件的问题日志	根据组织标准，维护和保存问题日志
	定期就问题的解决方案向相关方征求反馈；反馈可验证项目组合风险减轻的成功，并将其建立在治理和价值管理过程之中	来自相关方的问题已经得到解决的反馈记录	采取适当的行动来维护反馈，并与反馈中的具体项目保持一致
选择能够使项目组合效益最大化、项目组合负面影响最小化的解决方案	定期就问题的解决方案向相关方征求反馈；反馈表明，项目组合经理具有足够的知识来评估解决方案的合规性，并通过加权排名和评分技术确定对其他项目组合组件的影响	来自相关方的问题已经得到解决的反馈记录	相关方签收，并按组织标准保存
	评估实施解决方案后的项目组合，并确定对项目组合内部和外部项目集/项目的影响	解决方案对项目组合影响的记录、解决方案的外部和/或环境影响的记录	解决方案记录了要解决的问题，并对解决方案的任何外部影响所进行的必要注释
要素：保持项目组合相关方的参与度、积极性和支持			
绩效标准	期　望	证据来源	示　例
通过与相关方的沟通来保持相关方的积极性	定期举办专题讨论会与相关方互动，包括各种正式和非正式媒介；定期向相关方征求反馈；对问题和疑虑做出响应	沟通计划；相关方分析的更新；来自相关方的反馈记录表明他们感受到了动力	根据相关方的反馈更新沟通计划，并根据组织标准进行维护
不断寻找机会，就项目组合的状况、方向与相关方进行沟通，以期满足相关方的需求和期望	定期举办专题讨论会与相关方互动，包括各种正式和非正式媒介；定期向相关方征求反馈；对问题和疑虑做出响应；反馈表明沟通是可以接受的，并且正在满足需求	项目组合经理抓住机会交流项目组合状态的示例；来自相关方的关于如何满足其需求的反馈记录	沟通计划、文件可用作沟通的一部分；来自相关方的反馈
引入专家参加会议和讨论，从而影响并获取相关方的支持	在相关方之间建立影响力网络；引入主题专家以增强信任；记录主题专家参与项目组合，就问题给予的共识与支持	如何就不同问题达成共识并取得支持的示例	邀请主题专家为相关方提供咨询的会议纪要

续表

要素：保持项目组合相关方的参与度、积极性和支持			
绩效标准	**期　望**	**证据来源**	**示　例**
以客观性达成共识	与相关方在互相尊重和信任的基础上建立专业的关系；证明决策基于事实和逻辑	使用最佳实践进行团队决策的记录	通过调研和/或直接反馈记录，将团队和相关方保持清晰的一致
	与团队在互相尊重和信任的基础上建立专业的关系；增加相关方与项目组合方向一致性的记录	影响有偏见的团队成员，使其转向客观立场的示例	问题的提出和解决的示例记录
要素：按照要求的速度进行变更，以满足项目组合需求			
绩效标准	**期　望**	**证据来源**	**示　例**
适应项目组合环境的变化，把负面影响降到最小	定期征求相关方关于适应变更的反馈；反馈表明，项目组合经理能够很好地适应项目组合中的环境变更，最大限度地减少不利于项目组合的影响，并最大限度地从任何机会中获益	来自相关方的反馈记录表明，不论如何变更，项目组合经理仍然表现出“能做”的态度	实际反馈及反馈问题的解决
	将项目组合的价值作为战略目标进行管理；定期评估风险；对风险减轻活动进行审查，并记录在风险登记册中，以确定其将不利影响最小化	记录风险减轻活动	风险管理日志应根据组织标准进行维护
展示有益于项目组合变更的灵活性	通过积极推动项目组合的价值管理，接受持续的评审、分析和变更以支持项目组合成果；使用技术来确定优先级并选择最有价值的机会	在识别出新的机会后，更新风险登记册、机会分析记录、变更请求	根据组织标准维护风险登记册、变更请求日志和相关会议纪要
采取积极行动，抓住机会或解决目前的问题	通过积极推动项目组合的价值管理，接受持续的评审、分析和变更以支持项目组合成果	相关方的反馈记录展示了项目组合经理以行动为导向的主动方法	行动日志注明已确定的解决方案和相关方的反馈
	项目组合发起人和其他相关方团体基于投资回报和其他项目组合的绩效报告，来提供持续的支持	项目组合经理解决重大问题的示例	行动日志注明已确定的解决方案和相关方的反馈
	在项目组合的整个交付过程中，使用项目组合过程资产和项目组合组件库	展示出如何使用适当的工具和技术来解决项目组合问题	项目组合文档库及相关技术文件、在项目组合执行期间使用的技术或方法
通过促进持续学习，创建变革友好型环境	积极推动团队和个人发展，并承认发展是项目组合文化的一部分；评估团队成员并推荐个人发展机会	为团队成员识别或推荐培训内容	为团队成员提供的培训建议的记录
	单独的团队资源计划允许有足够的时间进行发展和调查	项目组合进度计划包括团队成员研究新解决方案、情境或技术的时间	清晰的进度计划应根据公司标准进行维护
	项目组合过程资产包括，在整个项目组合交付过程中从以前的项目组合、项目集、项目和其他组件交付中吸取的及维护的经验教训	制订培训计划，包括创建相关的附属内容	项目组合文档库及相关技术文件、在项目组合执行期间使用的技术或方法
充当变更推动者	定期征求相关方对项目集变更的反馈；响应已识别的问题和疑虑	来自相关方的反馈	来自相关方的反馈记录表明，项目组合经理已启动或促进变更
	定期征求相关方的反馈；相关方的反馈很少要求项目组合经理就问题和疑虑做出响应	表现出积极、自尊和自信	来自相关方的反馈记录表明，项目组合经理表现出积极、自尊和自信

续表

要素：必要时展现自信			
绩效标准	期　望	证据来源	示　例
必要时能主动采取行动，承担一定的风险，以加速项目组合的交付	定期征求相关方对项目组合经理主动推进项目组合进展的反馈；响应问题和疑虑	通过征求和其他方式获得的反馈	来自相关方的反馈诠释了项目组合经理采取的行动
	积极与同行和组织领导合作，为了项目组合和相关方的最大利益竞争组织资源	寻找并记录的相关问题	根据公司标准，维护记录有解决方案的问题日志
	及时推动价值管理，使项目组合能够在其有效边界上运营	问题升级报告显示了及时的决策路径	根据公司标准，维护问题升级报告
防止没有结论的讨论，制订决策，采取适当的行动	为了项目组合的利益能够巧妙地拒绝或重新引导没有结论的建议，并愿意为推动项目组合做出简明的决策；定期向团队征求反馈意见；项目组合经理能够通过评估现状和果断行动来处理危机的示例	来自团队成员和其他相关方的反馈	团队成员对所采取行动的反馈；项目组合经理能够在不引起争议的情况下拒绝提案，同时保持合作；项目组合经理能够通过评估现状和果断行动来处理危机
在行动中体现持久性与一贯性	定期征求相关方对项目组合经理有关问题处理行动的反馈，并且不会对问题置之不理	征求的和主动提供的反馈	来自相关方的反馈表明，项目组合经理展示了坚持和一贯性的特质
	建立定期论坛，及时推动有关问题的决策，以满足相关方的需求	跟踪会议和行动条目	会议纪要、行动条目记录和显示所做决策的状态报告
	无论项目环境如何，在整个项目组合阶段都能激励大家	面对挑战时保持动力的示例	记录有明确任务分配的行动计划
在管理不确定性时，根据事实做出及时决策	基于信息和适当的分析，及时决策与沟通；不会无视或忽略风险和问题；问题记录展示了问题处理的及时性	跟踪决策和支持性事实	决策备忘录或决策分析文件展示了对问题的客观分析和迅速做出的决策；问题日志显示了从记录到解决的时间；问题升级报告显示了及时的决策路径

X4.4.6　职业精神

个人职业精神的要素包括：

- 对项目组合的承诺言出必行；
- 做事诚实正直；
- 正确应对个人和团队所处的逆境；
- 管理多元化的员工队伍；
- 客观解决个人和组织的争议。

表 X4-31 职业精神——项目组合经理个人能力

要素：对项目组合的承诺言出必行			
绩效标准	期　望	证据来源	示　例
理解并积极支持项目组合及组织的使命和目标	了解并积极使项目组合与组织的使命和目标保持一致	就项目组合与组织的使命和目标进行团队沟通	项目组合的目的、目标与组织使命、战略保持一致的记录
	即使面对不同的个人偏好，也有能力引导团队朝着组织的方向发展	就项目组合与组织的使命和目标进行团队沟通	当项目组合目标与个人偏好不同时，给予支持的示例
	进行持续的效益实现分析，以确保项目组合组件持续实现组织目标	就项目组合与组织的使命和目标进行团队沟通	定义支持组织目标的项目组合活动的示例
与所有相关方合作，实现项目组合的目标	与相关方建立基于信任、互相尊重的专业关系	实施决策的标准展示了决策的意图和方法	通过具体合作努力实现项目组合目标的示例
	展示出在生命周期的相关阶段通过提供充分的支持、指导，将团队发展成高绩效团队的能力	实施决策的标准展示了决策的意图和方法	使用团队建设技术，以促进合作的示例
必要时做出牺牲以推动项目组合前进	能够快速、准确地评估决策对跨项目组合的影响，以便优先考虑一个项目组合组件，做出决策后开始执行	实施决策的标准展示了决策的意图和方法	采取优先选择以有效执行项目组合，同时把个人利益放在较低优先级
	展示出无视挫折、继续推动项目组合以获取积极的整体成果的能力	实施决策的标准展示了决策的意图和方法	项目组合经理在面对项目组合的挑战时表现出积极态度的示例
	能够识别项目组合中关注的领域，并在必要时迅速采取行动终止不可行的项目组合组件	实施决策的标准展示了决策的意图和方法	终止不可行的项目组合组件
要素：做事诚实正直			
绩效标准	期　望	证据来源	示　例
遵守所有法规	请特定的相关方对项目组合活动提供法律监督	调研和会议记录	来自相关方的，关于所有法律要求均得到满足的反馈
	法律和监管义务被记录为事业环境因素供所有恰当的活动参考，并传达给所有团队成员	源自业务需求文件的法律需求	相关方书面批准的、适用于项目集的法律需求的日志记录
在公认的道德标准范围内工作	接受过有关公司和/或行业行为准则的培训；定期征求团队和相关方有关道德标准的使用情况；聘请独立的主题专家解决问题和疑虑；确保团队了解，可通过沟通渠道来升级道德问题的能力和权力；在整个项目组合中遵守 PMI 的道德标准和职业操守	传达一套标准的道德标准；在与团队和其他相关方打交道时展现道德行为	相关方的反馈记录表明，项目组合经理遵守了道德标准；相关方的反馈记录表明，项目组合经理既不提供也不接受来自任何相关方的不当支付或其他物件
寻求避免，并向所有相关方公开任何可能的利益冲突	寻求避免，并向所有相关方公开任何可能的利益冲突	就可能发生的利益冲突，以及如何解决进行明确的沟通	真实地报告潜在利益冲突的示例
	确保组织利益冲突（OCI）说明书和 OCI 计划融入项目集的政策中	创建并与团队共享利益冲突计划	组织利益冲突（OCI）说明书和 OCI 计划
保持和尊重敏感信息的保密性	了解与团队人力资源相关的保密准则；根据公司和/或相关方的政策/需求等制定项目组合的信息指南	向团队传达指南，以身作则并遵守指南	相关方的反馈记录表明，个人遵守保密性
	确保项目组合产品模板包含适当的保密性、导出的或基于最终用途的安全性分类	创建/共享适当的文档以遵守保密性	包含保密性或安全级别分类通知（如 NDA）的项目组合文档的示例

续表

要素：做事诚实正直			
绩效标准	**期　望**	**证据来源**	**示　例**
尊重他人的知识产权	获取受保护知识产权的复用协议记录，并在 PMIS 和其他被项目组合引用的组织库内分享；聘请律师和主题专家定义知识产权	就知识产权与团队进行沟通；进行与项目组合相关的适当研究	• 受保护知识产权的复用协议记录； • 搜索可能适用的专利、商标或版权的记录
	引入律师/主题专家以确保尊重版权，并根据项目组合需求使用知识产权	适当使用主题专家	当使用了受保护的知识产权时，版权声明须指明来源的示例
要素：正确应对个人和团队所处的逆境			
绩效标准	**期　望**	**证据来源**	**示　例**
在各种情况下都能保持自我控制，并冷静地响应	能够将情绪和逻辑分开，并在具有挑战性的环境中展现出良好的判断力	作为团队的一员，情绪行为得当，以身作则	• 项目组合经理感受到自己强烈波动的情绪（如愤怒或极度沮丧）但能控制情绪的示例； • 使用压力管理方法来控制情绪，防止失控，并缓解个人和其他项目组合人员的持续压力
	定期向团队和相关方征求有关项目组合经理处理困难情况的反馈；对已识别的问题和疑虑做出反应	征求的和主动提供的反馈	来自相关方的反馈记录表明，个人表现出自我控制能力
承认缺点，并明确承担失败的责任	展示自我意识，对问题或失败勇于承担责任；让团队免于问题或失败	征求的和主动提供的反馈	• 相关方的反馈记录表明，个人积极听取建设性反馈并采取行动； • 个人为失败承担责任的示例
从失败中学习，从而提高未来的绩效	积极参与经验教训的总结活动，以改进项目组合管理计划的附属内容；建立和定期开展专题研讨会，以审查和更新经验教训	根据个人和其他团队成员的经历获取经验教训	经验教训的记录
	征求团队和相关方对绩效的反馈，并公开交流需要发展的领域和正在采取的行动	征求的和主动提供的反馈	来自相关方的反馈记录表明，个人能够从错误中学习
	自我反思行动的适当性和有效性；透明地处理疑虑事项、发展领域	在采取行动期间和采取行动后进行行动分析	个人分析自己的表现，以了解错误和失败原因的示例
要素：管理多元化的员工队伍			
绩效标准	**期　望**	**证据来源**	**示　例**
在项目环境中建立信任和尊重的要素	与相关方建立基于信任和相互尊重的专业关系，这在日常工作中是显而易见的	征求的和主动提供的反馈	来自团队的反馈记录表明，项目组合经理表现出对文化差异的认知、尊重和包容的意愿
	认可和奖励团队；与管理层和客户一起推动团队成员取得积极的成就	沟通奖励计划；对团队成员的公开认可	团队庆祝取得成就的示例
确保团队能遵守文化习俗、法律要求和道德价值观	接受过公司和/或行业行为准则的培训；在整个项目组合中遵守 PMI 的道德标准和职业操守	与团队沟通相关的文化、法律和道德价值观	描述道德标准和相关方价值体系的文件

续表

要素：管理多元化的员工队伍			
绩效标准	**期　望**	**证据来源**	**示　例**
确保团队能遵守文化习俗、法律要求和道德价值观	在与团队、相关方的日常互动中遵守行为准则和较高标准；让团队对相同的高标准担责	征求的和主动提供的反馈	始终表现出有良好的道德和行为的示例
	聘请主题专家将项目组合计划与适用的标准、法规保持一致	在项目组合过程中有效使用主题专家	与项目组合相关的适用的法律、标准和当地习俗的分析记录
尊重个体、种族和文化的差异	定期向团队征求关于项目组合经理尊重个体、民族和文化差异的反馈；反馈明确了项目组合经理始终使用良好的道德判断，并对所有团队成员表现出敏感度	征求的和主动提供的反馈	来自团队的反馈记录表明，项目组合经理尊重个体、种族和文化差异
	了解个体的性格和沟通方式，以使用符合他们风格的方法向团队成员征求信息	征求的和主动提供的反馈	项目组合经理重视每个团队成员的贡献的示例
创建充满信心和尊重个体差异的环境	积极促进以了解相关方个体、种族和文化的差异，以便团队成员对此习以为常	沟通与文化、道德相关的团队规范	来自团队的反馈记录表明，团队对项目组合经理尊重个体差异有信心
	理解个人性格和优势，并创造一个定制的环境，使得/激发团队成员能够达到最佳状态	评估团队成员的个人绩效	项目组合经理创造条件，以激励和促使他人尽最大努力贡献自己的示例
要素：客观解决个人和组织的争议			
绩效标准	**绩效标准**	**绩效标准**	**绩效标准**
尊重项目组合管理的组织框架	在项目组合中明确建立角色、职责、报告和升级路径；定期向团队和相关方征求反馈；响应已识别的问题和疑虑	就团队/项目组合的角色、职责和组织规则进行沟通	来自相关方的反馈记录了项目组合经理尊重组织建立的管理框架；来自相关方的反馈记录了项目组合经理遵从项目组合、项目集和项目中的协作、汇报规则
平衡个人利益和组织利益	定期征求相关方对项目组合经理平衡个人利益和组织利益的反馈；响应已识别的问题和疑虑	征求的和主动提供的反馈	来自相关方的反馈记录了个人能明辨个人利益和组织利益的区别
	项目组合经理持有项目组合经理认证，始终表现出与该称号相一致的专业性	传达一套标准的道德标准；在与团队和其他相关方打交道时展现道德行为	来自相关方的反馈记录了个人遵守 PMI 的道德和专业行为规范
以无偏见的方式为团队成员分配适当的任务	使用供需技术，支持和指导基于技能分配的人员分配，以最好地支持组织目标	基于技能和能力管理团队任务	技能评估文件指出每个团队成员的优势和劣势
	能够与职能经理一起，识别项目组合所需的技能	获取执行项目组合任务时要使用的适当技能	责任分配矩阵与团队成员技能评估相一致
	评估和识别项目组合团队成员的优势和劣势；分配具有扩展任务的责任范围	基于个人能力管理团队	在委派人员任务时，使他们通过挑战现状而得到成长的示例

参考文献

[1] Project Management Institute. (2015). *Project Management Professional (PMP)® Examination Content Outline*. Newtown Square, PA: Author.

[2] Project Management Institute. (2013). *A Guide to the Project Management Body of Knowledge (PMBOK ®Guide).* Newtown Square, PA: Author.

[3] Project Management Institute. (2013). *The Standard for Program Management.* Newtown Square, PA: Author.

[4] Project Management Institute. (2013). *The Standard for Portfolio Management.* Newtown Square, PA: Author.

[5] Project Management Institute (2011). *Program Management Professional (PgMP)® Examination Content Outline.* Newtown Square, PA: Author.

[6] Project Management Institute (2013). *Portfolio Management Professional (PfMP)® Examination Content Outline.* Newtown Square, PA: Author.

[7] Project Management Institute. (2016). *PMI Lexicon of Project Management Terms.* Newtown Square, PA: Author.

[8] Project Management Institute. (2012). *PMI Combined Standards Glossary.* Newtown Square, PA: Author.

[9] Project Management Institute. (2013). *Organizational Project Management Maturity Model (OPM3®).* Newtown Square, PA: Author.

[10] Project Management Institute. (2006). *PMI Code of Ethics and Professional Conduct.* Available from www.pmi.org/CodeofEthics

[11] Project Management Institute. (2012). *Project Management Professional (PMP)® Role Delineation Study*. Newtown Square, PA: Author.

[12] Project Management Institute. (2013). *PMI's Pulse of the Profession® In-Depth Report: The Competitive Advantage of Effective Talent Management.* Available from http://www.pmi.org

[13] Project Management Institute. (2013). *Pulse of the Profession® In-Depth Report: Navigating Complexity.* Available from http://www.pmi.org/~/media/PDF/Business-Solutions/Navigating_Complexity.ashx

术语表

360-degree Feedback（360 度反馈）：一种征求反馈的方式，就项目经理的绩效向项目团队成员、项目发起人和其他相关人员进行匿名调查。可以用来评估能力基准，进行能力差距分析，并制订发展和培训计划。

Ability（才能）：做某件事情的胜任力，物质的、精神的、财务的或法律的绩效能力，一种天生的或后天获得的技能或才能。

Accept（验收）：基于某种结果的真实性、合理性、合适性和完整性来对这个结果进行正式接收和确认的行为。

Acceptance（验收）：见 Accept。

Activity（活动）：在进度计划中列出，并在项目过程中实施的工作组成部分。

Assumption（假设）：在规划过程中不需要验证即可视为正确、真实或确定的因素。

Attitudes（态度）：针对某个具体的个人、团体、观点、问题和事物所持有的一种相对持续的感觉、信仰和行为倾向。态度通常由三个要素来描述，分别为（a）情感要素。对特定个人、观点、事件或事物的感觉、心情和情绪等。（b）认知要素。个人所持有的信仰、观点、知识和信息。（c）行为要素。行动的意图和倾向性。

Baseline（基准）：经批准的工作产品版本，只有通过正式的变更控制程序才能对其进行变更，用作比较的依据。

Behavior（行为）：个人在特定环境下的行动或行为的方式。

Capability（能力）：一个特定组织的项目管理成熟度（OPM3®）能力，只有具备这种能力，组织才能执行项目管理流程并交付项目管理服务和产品。能力在迈向最佳实践的过程中递增。

Change Control（变更控制）：用来识别、记录、批准或否决对项目文件、可交付成果或基准的修改的过程。见 Change Control Board。

Change Control Board，CCB （变更控制委员会）：一个正式组成的团体，负责审议、评估、批准、推迟或否决项目变更，以及记录和传达变更处理的决定。

Change Request（变更请求）：有关修改任何文档、可交付成果或基准的正式提议。

Communication（沟通）：使用通用的符号、信号和行为系统在人与人之间进行信息交流的过程。

Communications Management Plan（沟通管理计划）：项目、项目集或项目组合管理计划的组成部分，描述如何、何时和由谁来进行项目信息的管理和传播。

Competence（能力）：一组相关的知识、态度、技能和其他个人特征，会对个人工作（这个人所担负的一个或多个角色和职责）的主要方面产生影响，与工作绩效相关。它可以根据事先确认的标准进行衡量，通过培训和发展加以改进。见 Knowledge Competence、Personal Competence 和 Performance Competence。

Competence Baseline（能力基准）：根据《PMCD 框架》中描述的知识能力、个人能力和绩效能力对个人进行的初始评估结果。

Competence Dimensions（能力维度）：一个多维度框架，它把能力分解为三个维度，分别为知识能力、绩效能力和个人能力。

Competence Gap（能力差距）：针对某个特定的能力维度，期望的能力水平与个人实际评估结果之间的差异。如果存在能力差距，个人应该通过自身的提升来消除差距。

Competency（能力）：见 Competence。

Competency Development Plan（能力发展计划）：描述了项目经理在完成评估并识别差距之后，为了获得提升所必须执行的活动计划。

Cost Management Plan（成本管理计划）：项目或项目集管理计划的一个组成部分，描述了如何规划、安排和控制成本。

Document（文档）：一种介质及其记录的信息，通常具有永久性，可以被人或机器阅读。例如，项目管理计划、规范、程序、研究报告和手册等。

Effective Performance（有效绩效）：期望的或预期的成就。

Elements of Competence（能力要素）：能力单元中的基本组成部分，它们以产出的形式描述了可证明、可评估的行动或结果。

Emotional Intelligence（情商）：描述了个人感知、评估和管理自己、他人和群体的情绪的能力或技能。

Feedback（反馈）：对特定过程或活动的反响和回应。

Integrated Change Control（整体变更控制）：对有关交付物及组织过程资产的所有变更请

求进行审查、批准和控制的过程。

Knowledge（知识）：通过经验、教育、观察和调查而获得的对某件事情的了解程度。对流程、实践、技术，或者如何使用工具的掌握情况。

Knowledge Competence（知识能力）：项目经理为项目带来的知识和认知，包括直接的和相关的资质及经验。这些是能力的知识组成部分。

Lessons Learned（经验教训）：在项目期间获得的知识。这些知识说明了曾如何处理某个项目事件，或者在今后应该如何处理某个项目事件以改进未来绩效。

Organizational Process Assets（组织过程资产）：执行组织所特有的并被其使用的计划、过程、政策、程序和知识库。

Outcome（结果）：使用一种能力后的有形结果或无形结果。

Performance Competence（绩效能力）：项目经理应用项目管理知识进行实际操作的能力。在这个能力维度上，通过检查项目结果来考察项目经理在完成项目管理任务时的绩效表现，项目结果包括五个能力单元，分别为启动、规划、执行、监控和收尾。

Performance Criteria（绩效标准）：一份有关绩效方面的综合清单，在项目中体现能力要素的绩效情况。

Personal Competence（个人能力）：决定个人的项目实施能力的关键个性特征，包括行为、动机、特点、态度和自我认知等因素，这些因素可以帮助项目经理成功管理项目。个人能力包括六个能力单元，分别为沟通、领导力、管理、认知能力、高效和职业精神。

Personality（个性）：由一系列相对稳定的特性、倾向和性格组成的独特结构，决定了一个人的性格，并确定了这个人如何与环境进行互动。

Procurement Management Plan（采购管理计划）：项目或项目集管理计划的一个组成部分，描述了团队如何从执行组织的外部获取商品和服务。

Project Charter（项目章程）：由项目发起人或出资人签发的、正式批准项目成立的文件。该文件授权项目经理在项目活动中使用组织资源。

Project Management（项目管理）：将知识、技能、工具与技术应用于项目活动，以满足项目的需求。

Project Performance（项目绩效）：根据目标、时间和财务约束，以及组织政策、流程，对项目按计划执行的程度进行衡量的结果。

Project Schedule（项目进度计划）：进度模型的输出，用于显示与计划日期、持续时间、里程碑和资源相关联的活动。

Project Success（项目成功）：项目相关方（如用户、客户、发起人）对项目各目标实现程度的综合评估。

Quality Management Plan（质量管理计划）：项目或项目集管理计划的一个组成部分，描述了如何实施组织的质量政策。

Responsibility Assignment Matrix（责任分配矩阵）：一种显示分配给每个工作包的项目资源的方格。

Risk Management Plan（风险管理计划）：项目、项目集或项目组合管理计划的一个组成部分，描述了如何组织和实施风险管理活动。

Risk Mitigation（风险减轻）：一种风险应对策略。根据该策略，项目团队采取行动来降低威胁发生的概率或威胁的影响。

Risk Register（风险登记册）：记录风险管理过程输出的知识库。

Risk Response Planning（风险应对规划）：制订行动方案来增加实现项目目标的机会并降低风险的过程。

Seller（卖方）：向组织提供产品、服务或成果的供应商。

Skill（技能）：使用知识的能力、已培养的能力，以及有效地、顺利地执行一项活动的能力。

Staffing Management Plan（人员配备管理计划）：人力资源计划的一个组成部分，描述了何时及如何获取团队成员，以及该过程需要多长时间。

Stakeholder（相关方）：可能影响项目、项目集或项目组合的决策、活动或结果，以及受到或认为自己受到项目、项目集或项目组合的决策、活动或结果影响的个人、团体或组织。

Style（风格）：个人所拥有的技能、特质和特征。它也指个人为了体现自身价值所展现的言行举止，包括个人在执行工作和与人交往时的行为模式。

Subject Matter Expert，SME（主题专家）：通常指有成就的执行者，他了解某个特定能力单元所需的知识能力、绩效能力和个人能力。

Types of Evidence（证据类型）：绩效标准已达到或者预期行动已完成的具体文件证明。这些文件证明构成了能力评估的基础。

Unit of Competence（能力单元）：总体能力的主要部分，通常代表一个关键的职能。

Work Breakdown Structure，WBS（工作分解结构）：对项目团队为实现项目目标和创建所需可交付成果而需要实施的全部工作范围的层级分解。

Work Breakdown Structure Dictionary（工作分解结构词典）：提供有关工作分解结构中每个组件的详细可交付成果、活动和计划信息的文档。

索　引